정직한
은퇴설계

박정용 · 서용모 · 박재수 · 박화자 · 김수진

박영사

프롤로그
새로운 시작을 위한 전주곡

당신이 지금껏 걸어온 길은 멀고도 험했다. 수십 년간의 직장 생활, 가족을 위한 헌신, 그리고 끊임없는 자기 발전의 여정. 이제는 이 모든 것에 마침표를 찍고, 새로운 장을 펼치려 한다.

은퇴는 종말이 아닌, 새로운 시작이다. 이 책을 통해 우리가 전하는 조언은 당신이 은퇴라는 새로운 여정을 준비하면서 마주하게 될 수많은 질문들에 대한 답을 찾는 데 도움을 줄 것이다. 이 책은 재정 관리에서부터 여가 활동, 건강 유지, 사회적 관계 구축에 이르기까지, 은퇴 후의 삶을 풍요롭고 의미 있게 만드는 방법을 모색한다.

이 책을 통해 당신은 은퇴를 단순히 일을 그만두는 시점이 아니라, 자신만의 삶을 재구성하고 새로운 꿈을 키워나가는 기회로 인식하게 될 것이다. 우리는 당신이 이 새로운 여정에서 무엇을 추구하고, 어떤 삶을 살아갈지에 대한 당신만의 대답을 찾을 수 있도록 돕고자 한다.

본격적인 은퇴의 시대가 도래했다. 이러한 분위기를 가속화하는 것은 바로 베이비 부머들의 은퇴이다. 우리나라에서는 베이비부머가 본격적인 은퇴시기로 접어들면서 은퇴설계에 관한 관심이 높아지고 있다. 특히 인구구조의 고령화라는 시대 상황에서 은퇴를 맞이하는 개인이 무엇을 어떻게 해야 하는지 은퇴설계를 필수적으로 고민하게 되었다. 백세 시대를 맞이하는 자세에서부터 재무적인 준비와 가족관계, 사회적 활동까지 다양하고 파편화된 진단이 이루어지고 있다. 그렇지만 생애 전반에 걸친 은퇴라는 문제의 구조적인 이슈 또는 구체적인 실행방안은 명쾌하지 않은 편이다. 세부적으로 모두 훌륭한 접근법과 솔루션을 보여주지만 좀 더 종합적이고 마음에 와 닿는 직관적인 그림이 제한적이다. 무엇보다도 워낙 다양한 방향이 제시되다 보니 은퇴설계의 범주와 방법이 혼동되거나 복잡해서 계획의 시작과 전개를 그리기 어렵다. 그 연유로 은퇴이후의 계획을 어떻게 세워야 할지 막막할 뿐이다. 따라서 최소한의 생계유지에서 의미있는 사회활동까지 폭넓은 스펙트럼으로 구성되어 있는 은퇴설계의 영역은 은퇴준비자들의 적극적인 마인드와 실행을 불러올 수 있는 준비된 계획서가 필요하다.

환언하면 은퇴설계는 은퇴시기가 되어서 준비하는 것이 아니라 사회활동을 왕성하게 하는 그 시기부터 준비해야 한다. 그래야 은퇴이후에 상상하는 삶을 살기 위한 적극적인 인생의 도전을 할 수 있다. 누구나 기대하는 풍요로운 은퇴를 맞이하는 방법인 은퇴설계는 생애주기의 일환임을 잊어서는 안 된다. 은퇴가 삶의 마무리가 아니고 인생의 시작이라는 자세가 필요하다.

런던비즈니스스쿨의 린다 그래튼(Lynda Gratton) 교수는 "지금부터 잘 준비한다면, 장수를 저주가 아닌 선물로 만들 수 있다"고 말한다. 그 준비란 인생의 막바지에 대한 계획을 세우는 것뿐 아니라 인생 전반의 재설계를 의미한다. 그는 정부 정책도 필요하지만 개인이 변화에 대해 유기적으로 대처해야 한다고 강조한다. 유형자산, 즉 돈만 중요하다고 보지 않았다. 긴 인생의 여정을 행복하게 살기 위해서는 가족, 친구, 연인, 건강, 유연함 등 다양한 무형 자산도 보유해야 하며, 새로운 경험에 열려 있거나, 유연하게 받아들이는 성향이 인생을 건강하게 살아가는 큰 자산이 될 것이라고 강조한다.

그 이유는 우리가 다단계 삶을 살기 때문이다. 앞으로 교육→일→퇴직으로 이어지던 3단계 삶은 없어진다. 과거에는 20대에 배운 지식과 기술만으로 경제활동을 유지할 수 있었지만 최소한 80세까지 일을 해야 하는 시대적 변화는 지식을 복습하는 정도로 생산성을 유지할 수 없다. 결국 평생 2~3개의 다른 직업을 갖고, 새로운 기술을 익히기 위해 재교육을 받는 다단계 삶을 살게 된다는 것이다. 부가하면 노년을 준비하는 사람들은 흔히 돈과 건강부터 걱정한다. 물론 둘 다 매우 중요하다. 그러나 긴 인생을 준비하려면 재정뿐 아니라 무형자산에 관심을 더 기울여야 한다. 기술이나 지식처럼 직장생활에서 생산성을 높여주는 생산자산, 긍정적인 가족 관계와 파트너십, 정신적 건강, 우정, 자기 정체성 재정립 등 무형의 자산 역시 매우 중요한 요소다. 특히 3단계 삶에서는 교육에서 고용으로 넘어갈 때, 고용에서

정직한 은퇴설계

퇴직으로 넘어갈 때 두 번 정도 과도기를 겪지만, 다단계 삶에서는 단계가 더 많아지는 만큼 과도기도 많아진다. 과도기에 새로운 지식과 사고방식을 받아들일 수 있는 유연함이 필수이다. 옛것을 떠나보내고 새로운 것을 맞이하기란 생각처럼 쉽지 않다. 철저한 마음가짐이 필요하다는 말이다.

결국 은퇴는 혼자 맞이하는 과정이 아니라 주변 사람들과의 새로운 모험을 하는 과정이다. 그러한 과정 속에서 가능성을 발견하고 실천하는 데 도움이 되는 나침반이 되고자 하는 마음을 담았다. 부디 저자들의 마음을 담은 이 책이 자신의 은퇴 생활을 더욱 풍요롭게 만들 수 있는 방법들을 탐색하는 데 도움을 줄 수 있는 격려가 되기를 바란다.

끝으로 이 책의 출판을 위해 노력해 주신 박영사 관계자 여러분께 감사드린다.

눈처럼 벚꽃이 날리는 오송 호숫가에서
저자 일동

CONTENTS

I

은퇴준비는
왜 필요한가

빈손

김수진

빈손은 아무것도 쥐고 있지 않은 게 아니라
움켜쥔 욕심을 놓는 것이다
잠시 꽉 쥐고 있던 힘을 빼는 일이다

빈손으로 세상에 여행 온 우리는
손에 쥐는 모든 것들이 빚이다
다 빌려서 쓰는 것이다
애초에 가지고 온 것이 하나 없는데
내 것이 하나라도 있겠는가

오늘 내 손에 쥐어진 무언가 있다면
그건 분명 잠시 사용이 허락된 것
요긴하게 쓰고 누군가를 위해 제자리에
돌려놓아야 한다

무엇 하나 손에 쥘 수 없는 인생이라면
줄 수 있을 때 다 주고 가자
주지 못한 그것은 언젠가는 빼앗기게 된다
남기고 떠난들 떠난 사람에게 황금일지라도
무슨 의미가 있겠는가
남아있는 사람들도 다 그렇게 떠날 것이다
너도 빈손, 나도 빈손

은퇴준비는 왜 필요한가

1. 은퇴준비를 위한 세 가지

1) 고령화 시대 꼭 필요한 질문들

저출산 고령화 시대에 접어들면서 은퇴, 노후 문제는 이제 전 세계적으로 심각한 문제이다. TV나 유튜브 방송에 은퇴 전문가들이 출연해서 은퇴나 노후준비를 얘기할 때 "보통 몇 억은 모아야 월 얼마씩 쓸 수 있고 그러기 위해서는 지금 투자나 재테크를 해야 한다"라고 말한다. 물론 경제적인 부분도 중요하지만, 노후 문제는 정서적인 부분과 정신적인 부분을 충분히 고려하지 않으면 은퇴 후 크게 당황할 수밖에 없다.

우리나라는 세계에서 가장 빠른 고령화 속도로 인해, 많은 사람들이 아무런 준비 없이 은퇴를 맞이하고 있다. 노후에 관한 문제는 5060세대에게 가장 어려운 이야기가 되어버렸다. 그럼 이런 상황 속에서 우리가 고민하고 준비해야 할 것은 무엇인가? 실제로 대부분의 은퇴자나 은퇴를 앞두신 분들의 이야기를 들어보면 경제적인 부분보다는 어디에서 누구와 무엇을 할 것인가를 고민한다. 과거와 다른 은퇴준비에 관한 물음이다. 여기서는 걱정 없는 노후를 위한 세 가지에 대해 고민을 함께 나누고자 한다.

첫째, 어디에서 살 것인가?

둘째, 누구와 살 것인가?

셋째, 무엇을 하며 살 것인가?

현재 우리나라에서는 국민연금 등 행정적인 관점에서 65세 이상을 노인이라고 칭하고 있지만 실제로는 '**주관적 연령**'이 굉장히 중요하다. 여기서 **주관적 연령**이란 '자기 스스로 내가 노인이 되었다고 인정하는 나이'를 말한다. 내가 현재 처해있는 상황과 역할에 따라 노인의 기준이 50대일 수도 70대일 수도 있다. 현재 우리나라 사람들의 평균 퇴직 연령은 남성 55세, 여성 51세로 평균 53세이다.

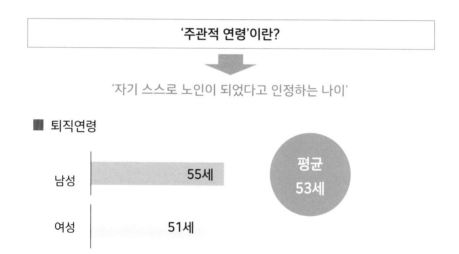

그러면 은퇴를 앞둔 50대의 노후 준비 실태를 살펴보자. 일자리 점수가 가장 낮고 두 번째 낮은 것은 재무, 즉 돈이고 그 다음 낮은 것은 여가였다. 결국 생계형 은퇴 생활이든 보람 있는 은퇴 생활이든 두 경우 모두 일자리에 대한 준비, 돈에 대한 준비, 여가생활에 대한 준비가 취약하다는 것이다. 이들의 평균점수 또한 58.3점이므로 'F'학점, 즉 낙제인 것이다.

정직한 은퇴설계

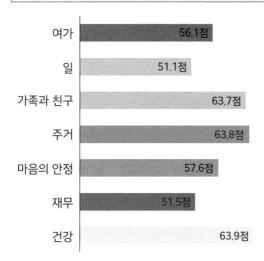

은퇴를 앞둔 50대의 노후 준비실태

항목	점수
여가	56.1점
일	51.1점
가족과 친구	63.7점
주거	63.8점
마음의 안정	57.6점
재무	51.5점
건강	63.9점

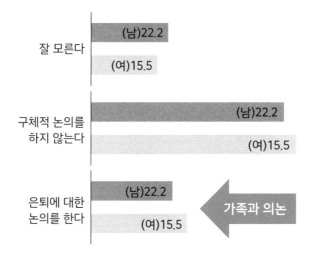

'당신의 퇴직에 대해 가족들이 알고 있나요?'(%)

잘 모른다
(남)22.2
(여)15.5

구체적 논의를 하지 않는다
(남)22.2
(여)15.5

은퇴에 대한 논의를 한다
(남)22.2
(여)15.5

가족과 의논

남성이 여성에 비해 퇴직에 대한 의논을 하지 않는 것으로 나타났다. '퇴직'은 자신뿐 아니라 가족 모두에게 가장 중요한 일인데 '가족'과 의논한 비율이 20%라는 것은 10명 중 8명은 의논하지 않는다는 것이다. 퇴직에 대한 준비가 거의 없다고도 할 수 있다. 은퇴문제, 은퇴설계에 대한 좀 더 자세한 설명에 앞서 현재 50대가 처한 삶의 구조를 살펴보자. 50대 남성이 55세에 퇴직한다고 봤을 때 50~54세까지의 5년간이 은퇴준비 기간이다. 기대수명이 90세 정도라고 가정하면 부부가 함께 노후생활을 하는 기간은 35년 정도이다. 참 긴 시간이다. 그리고 여성이 남성보다 평균수명이 6~7년 길기 때문에 남편사망 후 부인 홀로 10년은 생활해야 한다. 따라서 노후준비는 '부부가 함께 하는 기간'과 '부인 혼자 생존기간'으로 나눠서 준비해야 한다. 100세 시대에 **여성중심의 노후 준비는 필연적인 것이다.**

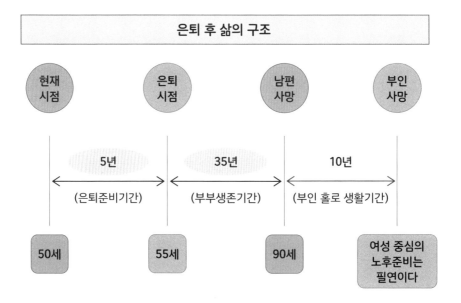

이제 '걱정 없는 노후를 위해 필요한 세 가지'에 대해서 말해 보자.

(1) 어디에서 살 것인가

먼저 유럽 복지 선진국의 사례를 살펴보자. 스웨덴 같은 경우는 불과 10~20년 전까지만 해도 70세 이상 노인이 몸이 조금만 불편해도 실버타운으로 들어가는 경우가 대부분이었는데, 최근엔 94%가 본인 집에서 간병을 해결하면서 살아가고 있다. 요양시설이 비싸고 불편한 까닭도 있지만 정부나 지역사회에서 살던 집에서 노후를 보낼 수 있도록 세심한 지원을 해주고 있기 때문이다.

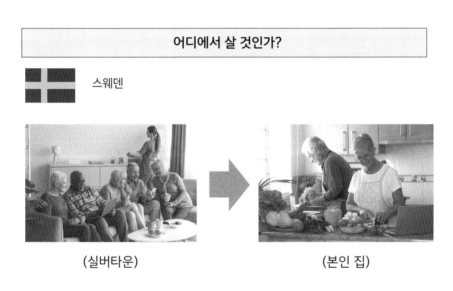

어디에서 살 것인가?

스웨덴

(실버타운)　　　　　　　　(본인 집)

그럼 우리나라의 경우는 어떨까? 내 집에서 부부가 함께, 장기 간병도 내 집에서, 자녀와 가까이는 살아도 함께 사는 것은 원치 않고 정부나 지역사회 공동체에서 조금만 도와준다면 살던 집에서 살고 싶다는 경우가 **70%정도**였다.

그럼 어디서 살아야 할까? 아파트는 살기는 편하지만 주변과 단절된 외로운 공간이고, 실버타운은 친구도 있고 편하지만 경제적 부담이 너무 크다. 전원주택은 편의시설 부족과 공동체 생활이 어렵고 무엇보다도 배우자 사별 후 혼자 생활이 힘들다는 단점이 있다. 이처럼 모든 것을 만족시킬 수 있는 곳은 없다. 그러므로 경제적 여건, 나이, 라이프 스타일 등에 맞춰서 정하는 것이 좋다.

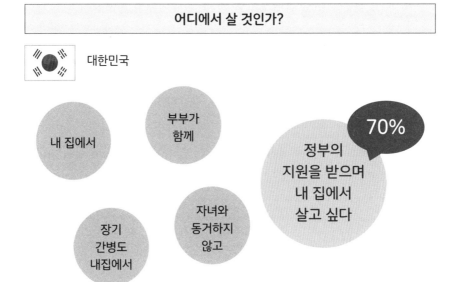

어디에서 살 것인가?

대한민국

내 집에서

부부가 함께

장기 간병도 내집에서

자녀와 동거하지 않고

정부의 지원을 받으며 내 집에서 살고 싶다

70%

(2) 누구와 살 것인가

5060세대 은퇴자들에게 언제 퇴직했음을 가장 실감하는지 질문해 보았다. 아침에 일어나서 '오늘은 뭐하지'라는 생각이 들 때, 오늘이 평일인지 휴일인지 헷갈릴 때가 1, 2위를 차지했다. 대다수가 출근할 곳이 사라지면서 생긴 갑작스런 일상의 변화에서 퇴직한 현실을 깨닫는다는 답이 나왔다. 또한 퇴직 후의 행복도는 남성에 비해 여성이 더 높은 것으로 나타났다. 아무래도 남성은 평생직장에서 내 명함이나 직위에 기반한 인간관계를 맺고, 여성은 좋아하는 주위 사람들과 우선적으로 인간관계를 맺는 경향이 크기 때문일 것이다. 그래서 여성분들은 새로운 사람을 만나도 거리낌 없이 금방 친해지곤 한다.

결국 행복은 인간관계로부터 온다. 앞에서 말했듯이 은퇴 후 부부가 함께해야 하는 시간이 30년 이상인데, 은퇴자 부부의 1일 대화시간이 20대 2시간 23분에서 5060세대에는 1시간으로 줄어든다고 한다. 또한 자녀와의 대화시간도 하루에 1시간 미만이라는 답변이 78%였다. 부인과의 관계도 소원해지고 자녀와의 관계도 끊어지면 그 다음 공동체는 의미가 없어질 수도 있다. 모든 공동체의 출발은 가정이므로 은퇴 후에는 남성의 노력이 가정의 행복을 좌우한다. 가사노동을 적극적으로 분담하고 아내 그리고 자녀와 함께 대화와 교감을 많이 나눠야 한다. 또한 취미나 사회활동, 종교적인 만남 등을 통해 늘 새로운 사람을 만나며 활발한 인간적 교류를 한다면 생활에 활력을 잃지 않고 행복한 삶이 가능해질 것이다. 사회관계가 단절되면 외로움으로 인해 건강이 악화될 수도 있다. 그러다 보니 은퇴 설계에서 **공동체에 기반한 인간관계**가 갈수록 중요한 부분이 되고 있다.

(3) 무엇을 하며 살 것인가

걱정 없는 노후를 위해 필요한 세 가지 중 많은 사람들이 가장 자신 없어 하는 부분이 이 '무엇을 하며 살 것인가?'이다. 크게 직업에 대한 부분과 취미·여가에 대한 부분 두 가지로 나눌 수 있다.

먼저 직업에 대한 부분이다. 우리나라 평균 퇴직 연령은 53세인데 완전히 은퇴하고 싶은 나이는 69세인 것으로 나타났다. 이는 퇴직 후 평균 16년 정도 더 일하고 싶은 것으로, 은퇴 후 16년간 무슨 일을 하고 싶냐는 질문엔 50대의 80%가 자신이 평생 해오던 일을 계속하고 싶다고 답했다. 평생 해오던 일이 정말 보람 있고 적성에 딱 맞아서 그런 것 같지는 않은데 말이다. 물론 하던 일을 계속할 수만 있다면 위험요소도 줄고 수입도 안정적일 수는 있겠지만 적성, 보람 등을 떠나 일단 재취업에 성공하는 비율은 50%가 채 되지 않는다. 더군다나 재충전 없이 급하게 취업을 하다 보니, 재취업한 사람의 60%는 불만족하다는 결과가 나왔다. 물론 생계자금이 급하다면 하루라도 빨리 취직해야겠지만, 20~30년간 함께 해야 할 두 번째 직업인데 재충전·재교육을 통한 새로운 도전이 필요하지 않겠는가?

다음은 취미·여가에 대한 부분이다. 이 부분은 더욱 심각하다. 5060세대에게 은퇴 후 어떤 취미·여가생활을 할 것인지 질문해 보았더니 여행, 등산이 1, 2위를 차지했다. 그렇지만 은퇴 후 30년간을 여행과 등산만으로 보낼 수는 없지 않을까? 은퇴 후 취미·여가에는 큰 노력 없이 단순하고 짧게 즐길 수 있는 등산, 여행, 산책과 같은 가벼운 여가도 있지만, 지식, 기술, 경험을 얻고 경력까지 쌓을 수 있는 진지한 여가도 있다. 자원봉사, 재능기부 등이 진지한 여가이다. 다른 사람과 교감하며 의미를 발견할 수 있으며 만족도가 높다. 우리나라는 특히 '진지한 여가'에 대한 노력이 굉장히 부족한 편이다. 은퇴를 앞둔 50대에는 은퇴 후 30년을 함께 할 사회활동과 일자리를 어떻게 발견할지에 대한 보다 진지하고 적극적인 노력이 필요하다.

■ 진지한 여가

지원봉사

재능기부

20대에 대학에서 전공한 지식으로 취직해서 30년 정도 직장생활을 하고 정년 퇴직한 뒤 나머지 10~20년은 노후 기간이라는 생각은 하지 않았으면 한다. 100세 시대를 살면서 50대에 퇴직해서 30~40년을 노후 생활로 살 수는 없다. 이 30~40년을 등산과 여행으로만 살 수는 없으니까! 그렇다면 우리 모두는 은퇴 이후의 삶을 준비해야 한다. 단지 나의 은퇴자금을 모으기 위한 경제적인 준비가 다가 아닌, 가족관계, 지인관계 그리고 취미·여가에 대한 진지한 계획 등 걱정 없는 삶을 만들 수 있는 역량을 갖추는 것이 진정한 은퇴 준비이다.

지금까지 '걱정 없는 노후를 위해 꼭 필요한 세 가지'에 대한 전체적인 설명을 하였다. 지금부터는 이 세 가지에 대해서 자세히 알아보도록 하자.

정직한 은퇴설계

2) 어디에서 살 것인가?

'평균 연령은 길어지고 퇴직연령은 낮아지고' 이 시대를 살고 있는 5060세대가 직면한 현실이다. 또 하나의 문제가 있다. '캐시푸어', '하우스 리치'와 같은 신조어가 유행하고 있다. 은퇴를 위해 모아 놓은 현금은 없고 달랑 집 한 채 가지고 있는 상황, 즉 집값은 비싼데 내 주머니는 비어 있는 경우를 말하는 것이다. 5060세대 자산의 80% 이상이 부동산에 몰려있고 매달 생활비로 쓸 수 있는 현금흐름은 턱없이 부족한 상황이다. 그러면 은퇴 후 여러분은 어디에서 살기를 원하는가? 현재 살고 있는 집, 실버타운, 전원주택 등 유일한 자산인 집 한 채를 어떻게 처리하고 어디에서 살 것인가? 또한 60대, 70대 등 각 연령대별로 어떤 주거환경이 필요한지를 진지하게 고민해 본 적이 있는가? 걱정 없는 노후를 위해 우리는 어디에서 살아야 하는가? 이 부분을 함께 진지하게 생각해 보자.

자산의 80% 이상을 부동산으로 가지고 있는 5060세대가 은퇴 후 70대가 되었을 때 어디에서 살 것인지를 진지하게 고민해 본 적 있는가? 그런데 어디에서 살 것인지에 대한 고민보다 은퇴 후 경제적인 소득의 변화에 대해 알아보는 것이 무엇보다 중요할 것 같다. 왜냐하면 주거형태를 결정함에 있어서 경제적인 부분이 가장 큰 영향을 미치기 때문이다. 5060세대에게 퇴직 후 소득과 지출에 대한 질문을 해 보았다. 퇴직 전 월평균소득은 469만원이었는데 퇴직 후에는 284만원으로 소득이 40%이상 줄어드는 것으로 나타났고, 지출은 은퇴 전 267만원에서 은퇴 후 201만원으로 20% 정도만 줄어드는 것으로 나타났다. 여기에 몸이 아프기 시작해서 의료비와 간병비 등이 증가하면 적자구조가 심해질 수밖에 없는 것이다.

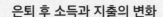

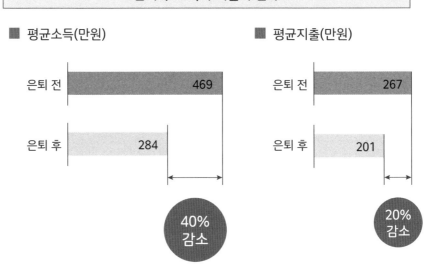

은퇴 후 소득과 지출의 변화

■ 평균소득(만원)　　　　■ 평균지출(만원)

	은퇴 전	은퇴 후	
평균소득	469	284	40% 감소
평균지출	267	201	20% 감소

그럼, 5060세대가 평균 정도의 경제 능력을 가지고 있다고 가정하고, 은퇴 후 70대가 되었을 때 살고 싶은 곳은 어디인지를 조사해 보았다. 아래 그림처럼 5060세대 모두 내가 살고 있는 내 집에서 노후를 보내고 싶어하고 중소 이상의 도시에서 살고 싶어 하는 것으로 나타났다.

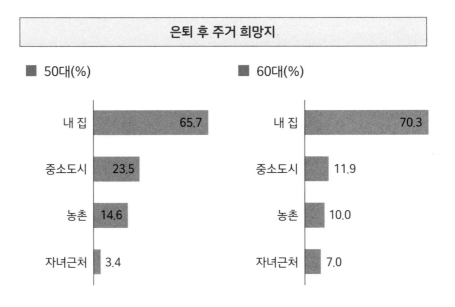

은퇴 후 주거 희망지

■ 50대(%)　　　　■ 60대(%)

	50대(%)	60대(%)
내 집	65.7	70.3
중소도시	23.5	11.9
농촌	14.6	10.0
자녀근처	3.4	7.0

다음은 '은퇴 후 누구와 함께 살고 싶은가?'에 대한 답변이다.

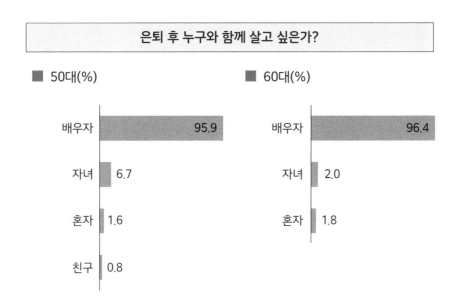

은퇴 후 누구와 함께 살고 싶은가?

■ 50대(%)   ■ 60대(%)

50대		60대	
배우자	95.9	배우자	96.4
자녀	6.7	자녀	2.0
혼자	1.6	혼자	1.8
친구	0.8		

　　그림과 같이, 5060세대는 은퇴 후 70대가 되었을 때, 내 집에서 미우나 고우나 배우자와 함께 살기를 원했다. 자녀와는 가까이 살지언정 함께 살면서 서로 눈치 보고 살고 싶지는 않은 것으로 나타났다.

　　나이가 들면서 간병이 필요한 경우가 발생하게 되는데, 환갑 이후 30년 정도의 인생 후반전을 고민해야 할 만큼 수명은 길어졌지만 건강하게 살 수 있는 건강수명은 정해져 있다. 무병장수가 아닌 유병장수인 것이다. 이런 상황이 닥쳤을 때 지금의 5060세대는 어디서 살고 싶어 할까?

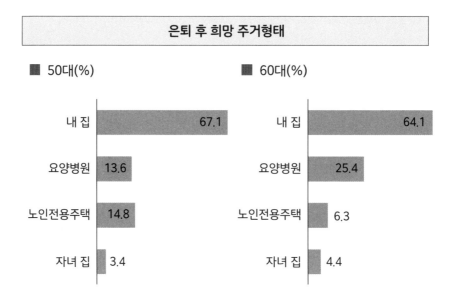

은퇴 후 희망 주거형태

■ 50대(%)

내 집	67.1
요양병원	13.6
노인전용주택	14.8
자녀 집	3.4

■ 60대(%)

내 집	64.1
요양병원	25.4
노인전용주택	6.3
자녀 집	4.4

위 통계자료를 보면 내 집에서 간병하면서 살겠다는 비율은 65% 정도 나타난 반면, 자녀의 도움을 받겠다는 응답자는 거의 없었다. 국가나 지역공동체에서 약간의 도움만 준다면 노부부끼리 알아서 간병을 처리하겠다는 것이다. 그렇다면 이러한 주거계획에 맞는 주거형태는 어떤 것들이 있을까?

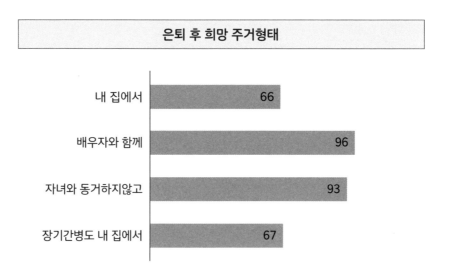

은퇴 후 희망 주거형태

내 집에서	66
배우자와 함께	96
자녀와 동거하지않고	93
장기간병도 내 집에서	67

먼저 '내 집에서 노후 생활하기'이다. 노인들이 가장 선호하는 주거형태이다. 자기 집에서 노후 간병기를 보내기 위해 먼저 선행해야 할 것은 노인 생활에 편리한 주택 리모델링이다. 일본의 경우 정부에서 65세 이상 노인에게 주택 개·보수를 지원하고 있다. 허약하거나 간병을 받아야 할 노인이 자기 집에서 계속 사는 데 불편함이 없도록 하는 것이, 요양병원에서 노인을 돌보는 것보다 사회적 비용도 적게 들고 노인의 행복도 또한 높기 때문이다. 우리나라도 노인에게 영구임대 아파트만 공급하는 정책에서 '노인맞춤주택' 지원을 늘리는 정책으로의 변화가 필요한 때이다.

두 번째 '실버타운에서 노후 생활하기'이다. 이제 우리나라도 전국에 수많은 실버타운이 운영되고 있다. 의지할 친구도 있고, 다양한 취미·여가 프로그램에 의료서비스까지 최신식 시설을 갖추고 있지만 경제적 부담이 너무 크다. 보통 좋은 시설은 보증금 2~3억에 부부기준 월 200만원 정도를 관리비, 식비로 내야하기 때문이다.

또한 선진국처럼 1) 처음엔 실버타운에서 독립된 생활을 하다가 2) 보조받는 생활을 하고 3) 간병기를 거쳐 4) 생을 마감(사망)할 때까지의 지속적인 프로그램을 제공하는 실버타운의 증가도 우리 나라의 과제이다.

■ 복지 선진국 사례

세 번째는 '전원주택에서 노후 생활하기'이다. 도심으로의 U턴을 전제로 전원 생활을 설계해야 한다. 전원주택은 70대 중반까지는 괜찮지만 그 이후 간병이 필요한 시기가 되거나 배우자 사망으로 혼자가 되었을 경우 관리도 힘들고 외로워진다. 또한 소유와 거주를 분리해서 생각하는 것이 중요하다. 전원주택은 환금성이 떨어지기 때문에 도심의 아파트를 처분하고 전원주택에 대부분의 자산을 투자하면 나

중에 혹시 모를 도심으로의 U턴 시 도심에 내 집을 장만하기 어려울 수 있다. 따라서 도심 아파트를 전세주고 전원주택을 임대해서 사는 것도 좋은 방법이다.

■ 소유와 거주를 분리해서 설계하자.

그럼 전원생활을 위해 고려해야 할 네 가지에 대해서 정리해 보자.

① 본격적인 전원생활 전에 일단 살아보자. 전원생활은 거주의 문제를 넘어 직업 및 생계수단을 바꾸는 것이다. 본인이나 가족의 이상과 현실과의 괴리가 없는지 미리 경험해 보는 것이 중요하다. 시행착오를 줄여야 전원생활을 성공적으로 이끌 수 있다.

② 공동체 생활을 통한 사회적 고립의 해결이 중요하다. 종교, 취미 등의 사회적 활동을 할 수 있는 곳인지 고려해야 한다. 시골 분들은 일찍 불 끄고 자기 때문에 어울리고 싶어도 어울릴 사람이 없는 경우가 많다.

③ 의료, 문화, 교통, 행정 등의 편의시설을 고려해야 한다.

④ 전원생활이 불가능할 때를 고려해야 한다. 앞에서 말했듯이 간병이나 배우자와의 사별로 인해 전원생활을 정리하고, 다시 도심으로 돌아가야 할 때를 대비해야 한다.

그럼 지금까지 이야기한 노후에 '어디에서 살 것인가?'에 대한 선택기준을 정리해 보도록 하겠다.

① 주택, 즉 부동산에 너무 자산을 쏟지 말고 매월 나오는 현금 흐름을 만든다.
  (자산의 부동산 쏠림 현상 방지)
② 노후 생활과 간병이 가능한 환경을 조성한다.
③ 적극적인 공동체 활동으로 삶의 질을 향상시킨다.
④ 거주지 주변의 편의 시설유무(의료, 문화, 교통, 행정)
⑤ 자연환경을 들 수 있다.

물론 이 다섯 가지를 모두 만족시킬 수 있는 곳은 없다. 나의 경제적 여건, 취미 생활, 라이프스타일, 그리고 가장 중요한 가족과의 충분한 대화를 통해서 우선순위를 정하고 실행에 옮겨야 시행착오를 줄일 수 있다. '준비하는 자만이 걱정 없는 노후'를 즐길 수 있을 것이다.

3) 누구와 어울려 살 것인가?

은퇴 후 외로움을 극복하고 의미 있고 행복한 삶을 위해 누구와 어울려 살 계획인가? 부부가 한 집에서 연금을 받으며 절약해서 오랫동안 함께 사는 것이 가장 경제적이고 가성비 넘치는 방법일 것이다. 그런데 남편이 퇴직 후 집에서 삼식이가 되는 순간 평화로웠던 가정에 전쟁이 시작된다. 남편은 무슨 점령군처럼 집에 들어앉아 대우받으려 하고 남편이 직장 생활할 때와는 전혀 다른 사람으로 보이기 시작한다. 자녀들이 출가하고 나면 둘이서 30년 이상을 함께 하며, 생을 마감하고 좋은 삶을 만드는 데 가장 중요한 파트너가 되어야 할 배우자가 부담스러워지기 시작한다. 이 세상에서 가장 좋은 남편은 '집에 없는 남편'이라는 말이 있다. 걱정 없는 노후를 위해 '누구와 어울려 보람 있게 살 것인지' 지금부터 함께 생각해 보자.

갑자기 찾아온 100세 시대에 외로움을 극복하고 행복한 삶을 살기 위해 누구와 어울려 살아야 할까? 은퇴 후 인생의 중심은 공적인 관계인 일터에서 사적인 관계인 가정, 이웃, 친구로 급속히 바뀌게 된다. 따라서 주변에 공동체를 이루고 있는 종교, 취미를 함께하는 사람들과 건강한 관계를 유지할수록 안정되고 걱정 없는 은퇴 생활이 가능해진다.

2019년 서울대 소비트렌드 분석센터에서 '퇴직한 다음날'이라는 주제로 5년이내 퇴직한 700명에게 '퇴직한 다음날 어떤 기분이었나요?'를 물어보았다. 스트레스받던 직장에서 벗어나 후련하기도 하지만 30년 이상 남은 인생에 대한 두려움과 상실감이 혼재되어 있는 것을 볼 수 있었다. 시원섭섭한 것이다.

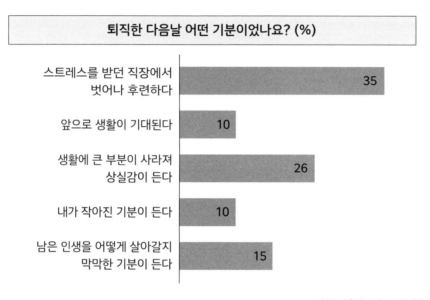

자료: 서울대 트랜드 분석센터

다음은 '퇴직 후 시간이 지남에 따른 기분의 변화'에 대한 질문이다. 이 통계자료를 보면 퇴직자의 57%가 1개월 이내에 막막함과 상실감을 느끼고 퇴직 후 느끼는 후련함은 6개월 정도 지나면 사라지는 것으로 나타났다. 흥미로운 점은 퇴직 후 1년 정도가 지나면 긍정적인 감정이 늘어난다는 것이다. 따라서 퇴직 후 시간이 지날수록 막막함이 줄어들고 기대감이 커진다고 볼 수 있다.

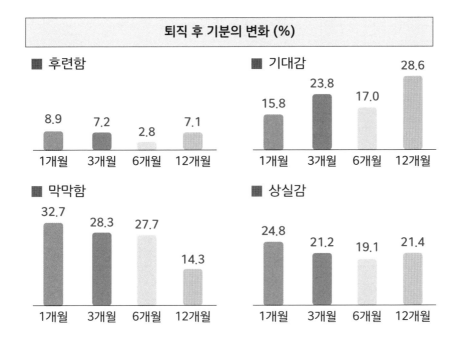

퇴직 후 기분의 변화 (%)

■ 후련함

1개월	3개월	6개월	12개월
8.9	7.2	2.8	7.1

■ 기대감

1개월	3개월	6개월	12개월
15.8	23.8	17.0	28.6

■ 막막함

1개월	3개월	6개월	12개월
32.7	28.3	27.7	14.3

■ 상실감

1개월	3개월	6개월	12개월
24.8	21.2	19.1	21.4

다음은 '현재의 행복점수'에 대한 질문이다. 그래프를 통해서 보면 행복지수는 남성, 여성 공통으로 퇴직 후 급락했다가 다시 상승하는 V자 형태를 보였고 남성보다 여성의 현재 행복점수가 높은 것으로 나타났다. 남성은 평생직장 위주의 인간관계를 맺은 반면 여성은 학부모, 이웃, 친구 등과 다양한 인간관계를 맺고 소확행(소소하지만 확실한 행복)을 추구하는 경향이 큰 것으로 볼 수 있다.

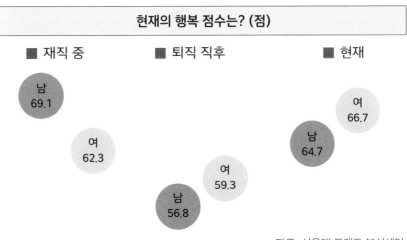

현재의 행복 점수는? (점)

■ 재직 중   ■ 퇴직 직후   ■ 현재

남 69.1
여 62.3
남 56.8
여 59.3
남 64.7
여 66.7

자료: 서울대 트랜드 분석센터

다음은 퇴직 후 라이프스타일 유형을 다섯 가지로 분류해 본 것이다. 첫째, 핵인싸*형이다. 일 빼고는 뭐든 열심히 하는 스타일이다. 취미와 모임에 최선을 다하면서 남은 인생을 즐긴다. 둘째, 꽃보다 집형이다. 집에서 할 수 있는 소소한 취미를 즐기며 가정 안에서 행복을 찾는 스타일이다. 셋째, 청산별곡형이다. 건강이 최고라고 생각하며 귀농을 꿈꾸기도 한다. 틈나는 대로 등산과 낚시를 즐기며 자연과 더불어 취미를 즐기는 스타일이다. 넷째, 워커홀릭형이다. 핵인싸형의 반대유형이다. 은퇴 후 경제적 걱정을 하지 않는 것이 가장 중요하다는 생각으로 일이 없으면 인생이 끝나는 줄 아는 아주 성실한 유형이다. 다섯째, 재학생형이다. 무엇이든 배워 두면 쓸 곳이 있다고 생각하면서 새로운 배움과 경험에 과감히 투자하는 유형이다.

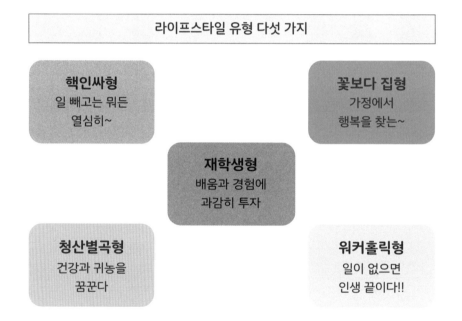

라이프스타일 유형 다섯 가지

핵인싸형
일 빼고는 뭐든
열심히~

꽃보다 집형
가정에서
행복을 찾는~

재학생형
배움과 경험에
과감히 투자

청산별곡형
건강과 귀농을
꿈꾼다

워커홀릭형
일이 없으면
인생 끝이다!!

5060 은퇴자들 중 이 다섯 가지 유형이 차지하는 비중을 살펴보면 워커홀릭형이 30.1%로 비중이 가장 높으며, 다음으로 꽃보다 집형 22.4%, 재학생형이 20.5%, 핵인싸형이 17.1%, 청산별곡형이 9.6%이다.

---

* '인사이더(Insider)'라는 뜻으로, 외향적이고 사교성이 뛰어나 사람들과 잘 어울리는 사람을 이르는 말.

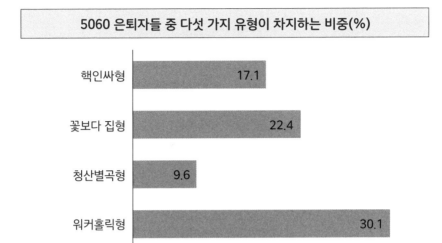

5060 은퇴자들 중 다섯 가지 유형이 차지하는 비중(%)

유형	비중
핵인싸형	17.1
꽃보다 집형	22.4
청산별곡형	9.6
워커홀릭형	30.1
재학생형	20.5

자료: 서울대 트랜드 분석센터

이번엔 유형별 남녀 비율을 나눠보자. 다음과 같이 핵인싸형과 재학생형은 남성이 높고 꽃보다 집형은 여성의 비율이 훨씬 높은 것으로 나타났다.

유형별 남녀 비율(%)

남성	유형	여성
61.0	핵인싸형	39.0
45.9	꽃보다 집형	54.1
52.3	청산별곡형	47.7
51.7	워커홀릭형	48.3
61.1	재학생형	38.9

그렇다면 퇴직 후 유형별 행복도의 변화는 어떨까? 핵인싸형, 꽃보다집형은 재직 중 보다 현재 행복도가 높아진 반면 청산별곡, 워커홀릭형, 재학생형은 재직 중보다 현재 행복도가 낮았다. 특히 청산별곡형은 퇴직으로 인한 '행복의 낙차'를 가장 크게 경험한 것으로 나타났다. 반면 핵인싸형은 행복도가 가장 큰 폭으로 올랐음을 보여주고 있다. 참고로 미래의 행복도를 묻는 질문에도 유사한 답변이 나왔다. '갈수록 더욱 행복할 것 같다'는 응답은 핵인싸형(32%)이 가장 높았고 '나이 들면서 행복한 일이 줄어들 것 같다'는 응답은 워커홀릭형(31%)이 가장 높았다. 이는 일이 아니라 관계에서 행복을 찾는 사람들의 행복도가 높게 나타나고 노후의 행복 역시 관계에서 온다는 점을 보여주는 결과이다.

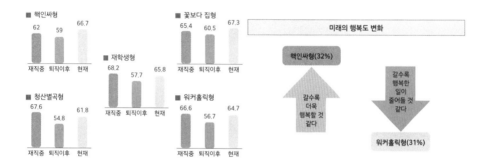

노후의 이야기는 나의 이야기이고 나의 가족의 이야기이고 무엇보다도 코앞에 닥친 우리의 미래이다. 하지만 누구도 경험해 보지 못한 급속한 고령화로 인해서 가장 준비가 안 돼 있고 앞으로 해결해야 할 부분이 가장 많은 영역이기도 하다.

대부분의 사람들이 직장 다닐 때는 앞집과 인사도 안 하다가 은퇴 후엔 안면 트고 어울리기 시작한다. 이렇게 낯설고 어려운 은퇴 후 노후 문제를 해결하기 위해서는 충분히 훈련하고 공부해야 한다. 이런 준비과정을 거친 후 은퇴를 한 자만이 걱정 없는 노후를 맞이할 수 있다.

'누구와 어떻게 살 것인가'를 정리해 보자.
① 수평적인 부부관계와 가족관계의 유지가 중요하다. 가사노동을 적극적으로 분담하고 가족과의 대화와 교감을 늘리는 데 최선을 다해야 한다. 남성의 노력이 가정의 행복을 좌우하기 때문이다.

② 의미 있는 공동체 속에서 다양한 인간적 교류가 필요하다. 가끔씩 만나 밥만 먹고 헤어지는 형식적인 관계가 아니라 같은 관심사와 목표, 다양한 연령층과의 교류를 통해 의미 있는 여가를 충족 시켜야 한다.

4) 무엇을 하며 살 것인가?

'무엇을 하며 살 것인가?' 은퇴 후 삶이 10년이 아니라 30년인 100세 시대엔 고민해야 할 중요한 문제가 되어버렸다. '은퇴하다'라는 뜻을 가진 'retire'라는 영어단어가 있다. 그런데 요즘 이 retire라는 단어가 다시라는 뜻의 re, 그리고 자동차 타이어의 합성어로 해석되기도 한다. 즉 은퇴란 타이어를 갈아 끼우고 인생을 재정비한 후 새롭게 출발하는 새 출발의 의미인 것이다. 은퇴해서 30년을 건강하게 일 할 수 있는데, 제2의 직업을 찾아야 할 50대에게 '은퇴'라는 표현 자체가 어울리지 않는 시대가 되어 버렸다. '평생직업 그리고 은퇴' 2020년대를 살고 있는 우리에게 전혀 맞지 않는 패러다임이다.

두 번째 인생을 위해 출발선 위에 서 있는 5060세대의 '무엇을 하며 살 것인가'라는 진지한 고민을 함께 생각해보자. '은퇴 후 무엇을 하며 살 것인가?' 대한민국의 은퇴자들의 가장 자신 없어 하는 부분이다. 그래서 대부분 은퇴 다음 날부터 산으로 간다. 우리나라 사람들의 평균 퇴직연령은 남성55세, 여성51세, 평균 53세이다. 몇 살까지 일하고 싶은지 20대부터 60대까지 연령대별로 조사해 보니, 평균 53세에 은퇴함에도 대부분 68세까지 일하고 싶어하는 것으로 나타났다. 무려 15년의 차이다.

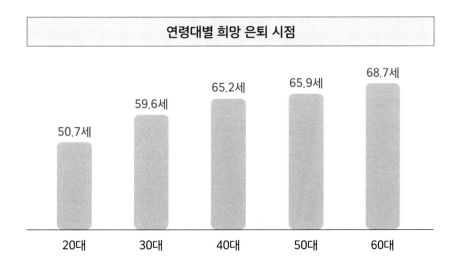

연령대별 희망 은퇴 시점

그렇다면 평균 53세에 퇴직 후 70세까지 일하기 위해 무엇을 하고 있는지 조사해 보니, 실제로 퇴직자의 53%가 재취업이나 실버창업을 한 것으로 나타났다. 또한 완전은퇴 13%를 제외한 87%가 퇴직 후 일을 계속 할 수 있기를 희망했다. '무슨 일을 하고 싶은가' 라는 질문에는 50대 80%가 자신이 하던 일을 계속하기를 희망한다고 대답했다.

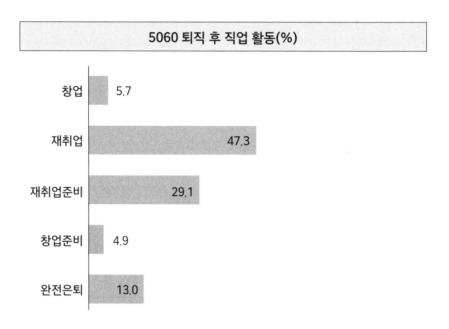

그런데 평생 해오던 일을 퇴직 후에도 70세까지 한다는 것이 좀 이상하지 않은가? 적성에 맞고 보람 있는 일이기 때문일까? 아니면 재충전이나 자기개발이 귀찮아서일까? 또한 퇴직 후 재취업을 희망하는 시점은 퇴직 후 2~3개월 이내가 18%, 퇴직 후 6개월 이내가 62%로 은퇴 후 80%가 재충전 없이 바로 전까지 해오던 일을 재취업해서 하고 싶다고 답했다. 그런데 재취업을 위해 어떤 일을 했냐고 물으면 대부분 아무 대답도 못한다. 재취업을 위한 준비가 전혀 없다는 거다.

퇴직자 대부분이 구직활동을 아는 지인을 통하거나 정부의 지원활동을 통해서 하고 있었다. 이렇게 준비 없이 급하게 재취업을 하다 보니 재취업에 성공하더라도 만족도가 매우 떨어지고 있는 것이다.

퇴직 후 구직활동 방법

지인에게 부탁 ➕ 정부지원 프로그램

준비 없는 재취업

일자리 불만족!!
60%

　재취업자의 60%가 보수 및 일자리 불안정으로 불만족하다는 결과가 나왔다. 퇴직 후 20~30년을 함께 해야 할 제2의 직업을 정하는 일인데 'retire' 타이어를 갈아 끼우고 재정비할 시간 없이 재취업을 하겠다는 것은 너무 무모한 도전이고 지나친 욕심이다. 물론 생계자금이 급하다면 빨리 취직해야 할 것이다. 하지만 실제로 5060 은퇴자들에게 재취업하는 이유를 물어보면 자기성취감과 사회참여가 취업이유라는 응답률이 48%였다. 적어도 이 48%는 분위기에 휩쓸리지 않고 재충전과 자기계발의 시간이 필요하지 않을까? 은퇴 후 그동안 내가 해왔던 일을 계속한다면 수입도 안정적이고 편할 수 있지만 다른 영역으로 가는 것에 대한 두려움을 가질 필요는 없다. 혹시 이런 생각을 해본 적 없는가? '젊었을 때 직장에서 별로 하고 싶지 않은 일을 했었는데 다시 태어난다면 좋아하는 일을 하고 싶다.' 다음 생애가 아니고 이번 생애에 도전하고 시도해 보는 건 어떨까? 물론 큰 용기가 필요하고 가족의 동의가 필요하겠지만 말이다.

우리나라보다 20년 정도 고령화가 빨리 진행된 일본의 경우 최근 자격증 수험서가 굉장히 잘 팔린다고 한다. 제2의 직업을 전문적으로 준비하는 사람들이 퇴직 후 많아지고 있다는 것이다. 우리나라는 대학진학률 세계1위 국가답게 20대에 대학 입학할 때까지는 엄청난 투자를 하지만 그 이후에는 자신에 대한 투자에 인색하다. '자기 자신에게 아낌없이 투자하라!' 1억을 은행에 넣었을 경우 한 달에 10만이 조금 넘는 이자를 받을 수 있지만, 반면에 스스로에게 천만원을 투자해서 매월 200만원의 수입을 만드는 사람으로 내 자신을 변화시킬 수 있다면 5억원 이상의 수익형 부동산을 가지고 있는 것과 같은 효과를 낼 수 있다. 낮은 저금리에 있는 금융자산 중 일부를 자기계발에 적극 투자해보면 어떨까?

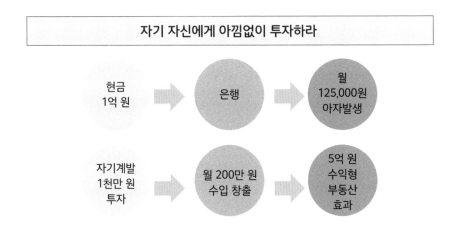

직업선택의 유형을 네 가지로 분류해 보면 가치실현추구를 중요시하는 '사회공헌형', 일을 통한 가치추구를 우선시하는 '현역형', 여가를 우선 추구하는 '유유자적형', 소득추구를 최우선으로 하는 '소득보충형'으로 나눌 수 있다. 삶의 보람과 의미를 추구하기 위해 일할 의욕이 높은 쪽은 '사회공헌형'이고 낮은 쪽은 '유유자적형'이다. 또한 소득을 위해 일 할 필요성이 높으면 '소득보충형'이고 낮으면 '유유자적형'이다. 이렇게 다양한 형이 존재하는데 대부분의 사람들이 은퇴 후 제2의 직업을 너무 가볍게 결정하는 것은 바람직하지 않다. 노후의 일자리라는 것은 다양한 사회활동을 뜻하는 것이고 따라서 굉장히 다양한 의미를 내포하고 있다.

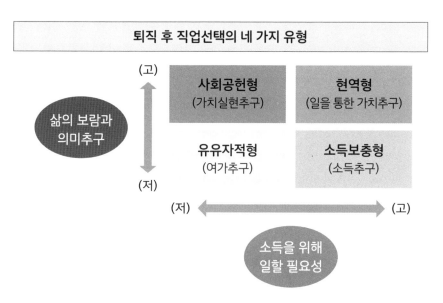

퇴직 후 직업선택의 네 가지 유형

(고)

삶의 보람과
의미추구

사회공헌형
(가치실현추구)

현역형
(일을 통한 가치추구)

유유자적형
(여가추구)

소득보충형
(소득추구)

(저)

(저) ⟷ (고)

소득을 위해
일할 필요성

직업선택 시 고려해야 할 사항은 자신을 뒤돌아보고 신중히 진단해 봐야 한다는 것이다. 재취업을 통해 소득창출 그 이상의 의미를 추구해야 행복하고 건강한 노후를 만들 수 있다. 또한 걱정 없는 노후를 위해서는 직업으로서의 일이 아닌 취미·여가도 굉장히 중요하다. 하지만 주위를 보면 의외로 취미가 없는 사람이 많다. 그들의 공통점은 상대방과 소통할 수 있는 삶의 질이 떨어진다는 것이다.

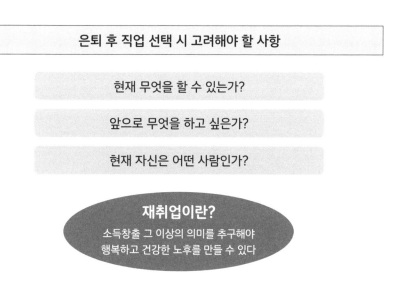

은퇴 후 직업 선택 시 고려해야 할 사항

현재 무엇을 할 수 있는가?

앞으로 무엇을 하고 싶은가?

현재 자신은 어떤 사람인가?

재취업이란?
소득창출 그 이상의 의미를 추구해야
행복하고 건강한 노후를 만들 수 있다

걱정 없는 노후를 위한 취미·여가를 두 가지로 나눠보도록 하자. 첫 번째, 가벼운 취미·여가이다. 큰 노력 없이 단순하고 짧게 즐길 수 있는 여가이다. 대부분 등산, 산책, 헬스, 여행과 같은 가벼운 여가 활동이다. 이런 취미·여가 활동은 특별한 노력 없이 즐길 수 있지만 정서적인 만족도는 조금 떨어진다. 두 번째, 진지한 취미·여가이다. 집중력 있는 여가활동을 통해 지식, 기술, 경험을 얻고 경력까지 쌓게 되는 여가이다. 다른 사람과 어울려 삶의 의미를 발견하고 자원봉사, 재능기부를 기반으로 자신의 꿈을 실현하는 여가를 말한다. 당연히 만족도는 높을 수밖에 없다.

품격 있는 노후를 위한 취미·여가

가벼운 취미여가
- 큰 노력 없이 짧게 즐길 수 있는 여가
- 등산, 산책, 헬스 등
- 정서적인 만족도는 떨어 진다.

진지한 취미여가
- 집중력있는 여가활동으로 지식, 기술, 경험 취득
- 지원봉사, 재능기부 등을 기반으로 자신의 꿈 실현
- 정서적인 만족도가 높다.

우리 사회가 풀어야 할 숙제 중 하나는 '가벼운 여가'가 아니라 '진지한 여가'를 얼마만큼 할 수 있느냐이다. 이것에 따라 우리 사회 노후만족도가 달라지게 될 것이다. '은퇴 후 무엇을 하실 건가요?'라는 물음에 여행, 등산, 전원생활, 산책 등 대부분 소극적인 답변을 내놓는다. 하지만 은퇴 후 30년을 여행만 다니고, 등산·산책만을 할 수는 없지 않을까?

과연 ① 우리가 자아를 성취할 수 있는 사회활동, 일자리를 어떻게 발견할 것인가? 거기에 더해서 ② 사회에 의미를 남기는 진지한 여가를 우리는 어떻게 추구할 것인가? 진지하게 고민해 봐야 한다.

언젠가 잡지에서 최고의 배우자 감으로 전국노래자랑 MC인 故 송해 선생님이 뽑혔다는 기사를 본적이 있다. 1927년생, 고령의 나이에도 자신이 좋아하는 일에 전념하면서 경제적인 부분을 충족시키며 아름다운 노후를 보내신 것을 보면 100세 시대 최고의 배우자감이 확실한 것 같다.

현재와 같은 저성장 시대에 최고의 노후준비는 '몸값 재테크'라고 한다. 평생 일을 가지고 있는 것은 자랑스러운 일이다. 거기에 그 일을 즐길 수 있다면 인생은 더욱 더 풍요로워질 수 있을 것이다. '사람이 존경할 만한 가치가 있느냐, 없느냐는 자신의 힘으로 생활해 나갈 수 있느냐 없느냐에 좌우된다'는 탈무드의 명언을 끝으로 '은퇴준비를 위한 세 가지' 논의를 마친다.

2. 노후에 영향을 주는 요인들

1) 행복한 노후를 망치는 최대의 적 세 가지

주로 아프리카에 서식하는 밀림의 왕 '사자'는 평균수명이 28세 정도이다. 강아지의 수명이 10~15년인 것을 감안하면 생각보다 오래 사는 것이다. 그런데 사자는 늙어서 이빨, 발톱 다 빠지면 오래 살지 못하고 금방 죽는다. 사냥을 할 수 없으니 오래 버티지 못하는 것이다. 그런데 사람은 늙어서 이빨이 다 빠지고 힘이 없어 일을 할 수 없어도 오래오래 산다. 오히려 갈수록 수명이 늘고 있다! 어떻게 사람은 사자와 달리 오래 살 수 있는 걸까? 물론 사자도 오래 살 수 있는 방법이 있다. 사자가 가장 좋아하는 먹이인 얼룩말을 젊었을 때 열심히 사냥해서 돈으로 바꿔 놓았다가 늙어서 사냥할 힘이 없을 때 젊은 사자들이 잡아 온 얼룩말을 사 먹으면 된다. 이렇게 할 수만 있다면 지금보다 10년 정도는 더 살 수 있지 않을까? 하지만 늙은 사자에게는 돈이라는 자산이 없기 때문에 빨리 죽는다. 반면, 사람은 젊었을 때 열심히 일해서 돈을 저축했다가 노후에 젊은이들이 제공하는 물건과 서비스를 살 수 있기 때문에 오래오래 살 수 있다.

따라서 나약한 인간이 사자보다 오래 살 수 있는 것은 인간이 발명한 '돈' 때문인 것이다. 요즘 신문, 방송, 책 할 것 없이 100세 시대에 관한 내용들이 홍수를 이루고 있다. 행복한 100세 시대는 '태어나서 20년을 공부하고, 30년을 일하고 준비해서 은퇴 후 40~50년을 행복하게 사는' 것이다. 통계청 자료에 의하면 2019년 기준 65세 이상 노인 인구는 약 770만 명이다. 세계평균 9%보다 훨씬 높은 15%나 되는 높은 수치이다. 일본 28%보다는 낮지만 한국의 급속한 고령화는 심각한 사회적 문제로 대두되고 있다. 그런데 더 큰 문제는 65세 이상 노인 빈곤률이다. 65세 이상 노인 770만 명 중 43.8%, 즉 340만 명이 노인 빈곤층인 것이다.

행복해야 할 은퇴 이후의 삶이 이토록 외롭고 두려운 공포로 다가온다면 정말 큰 문제가 아닐 수 없다. 은퇴 후의 새로운 나는 과연 어떤 나일까? 은퇴 이후 자기 자신의 모습을 고민하는 사람들, 이미 그 고민이 시작된 사람들 이 장의 내용을 끝까지 집중하여 읽기를 바란다.

얼마 전 HSBC라는 영국계 금융회사에서 전 세계 17개국 국민들을 대상으로 '은퇴'라는 단어를 들으면 어떤 생각이 가장 먼저 떠오르는지 질문해 보았다. 스웨덴, 노르웨이, 캐나다 같은 선진국 국민들에게서는 '자유', '만족' '행복' 이라는 대답이 가장 많았다. 반면 대한민국 국민들에게서는 '경제적인 어려움', '외로움', '두려움', '지루함'이라는 답변이 나왔다.

2015년 한국일보에서 한국, 일본, 덴마크, 브라질 4개국 국민들에게 '최근 일년간 얼마나 행복을 느끼셨습니까?' 라는 국제비교조사를 실시 했다. 그 결과 브라질은 10~20대 7.6 / 30대 7.5 / 40대 7.0 / 50대 7.1 / 60대 7.4로, 10점이 매우 만족이고 0점은 매우 불만족이니까, 브라질 국민들은 전체적으로 만족도가 높고 은퇴 후에도 만족도가 더욱 상승하고 있는 것을 볼 수 있었다. 덴마크도 60대 이상의 은퇴 후의 만족도가 상승했고 일본도 40대를 기준으로 60대로 갈수록 상승하고 있었다. 하지만 한국은 20대가 가장 높고 나이가 들어 은퇴 후에도 갈수록 행복도가 계속 떨어지는 것을 확인할 수 있었다.

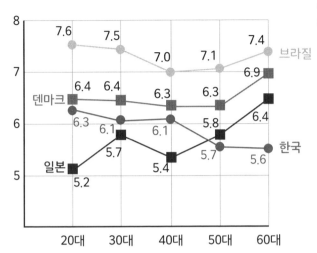

지난 1년간 각국 연령대별 행복도 추이

- 10점: 매우 만족
- 0점: 매우 불만족

브라질: 7.6, 7.5, 7.0, 7.1, 7.4

덴마크: 6.4, 6.4, 6.3, 6.3, 6.9

일본: 6.3, 6.1, 6.1, 5.8, 6.4

한국: 5.2, 5.7, 5.4, 5.7, 5.6

20대 30대 40대 50대 60대

우리나라 전체인구의 빈곤율은 17.6%이다. 유럽의 선진국들은 한국보다 5% 정도 낮은 평균 약 12%이지만 미국의 빈곤율이 17.8%인 것을 감안하면 일하고 돈을 벌 수 있을 때 한국의 빈곤율은 그렇게 높은 수치는 아니다. 그런데 한국은 OECD 국가 중 가장 빠른 속도로 노령화되어 가고 있으면서 65세 이상 노인 빈곤율도 OECD 국가 중 가장 높다. 2011년까지 노인 빈곤율이 48.6% 였는데 최근 기초연금과 같은 정부의 노인복지 혜택이 늘면서 43.8%까지 떨어졌음에도 노인 10명 중 4명 이상은 빈곤층이다.

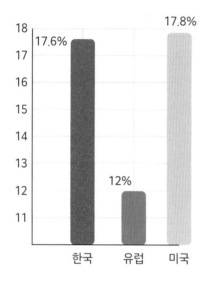

전체인구 빈곤율

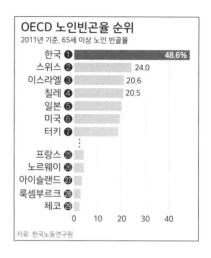

OECD 노인빈곤율 순위

　　유럽 선진국의 경우 공적 연금제도가 생긴 지 100년이 넘었고 고조할아버지 때부터 몇 대에 걸쳐 은퇴 후 삶에 대한 준비를 하고 있는 모습을 보면서 자란다. 또 젊어서부터 은퇴준비를 하기 때문에 노인 빈곤율이 낮다. 반면 한국의 베이비 붐 세대의 경우 1988년 처음으로 국민연금이 시작되어서 이제 30년 정도밖에 안 되었고, 1990년대 말 IMF 금융위기를 겪으면서 퇴직금은 다 쓰고, 자녀들 대학 보내고 결혼시키느라 은퇴준비를 할 겨를도 없이 은퇴를 한다. 그러니 막막한 것이다. 이것이 지금 한국 대부분의 50~60대 은퇴자들이 처해 있는 현실이다. 젊은 시절보다 은퇴 후 나이가 들면서 더 행복해져야 하는데 정반대로 가고 있다. 그러다 보니 불안하고 조급한 마음에 악수를 두게 되어서 결국엔 그나마 가지고 있던 집 한 채까지도 날려 버리고 쪽방에서 비참한 노후를 지내는 이들이 늘고 있다. 참 안타까운 일이다. 안정적인 은퇴 후의 생활을 위해서 하지 말아야 할 것들이 여러 가지 있겠지만 이 장에서는 그중에서도 '행복한 노후를 망치는 최대의 적 세 가지'에 대해서 이야기하도록 하겠다.

(1) 자녀 리스크

노후에 모아 놓은 돈은 항상 가장 가까운 사람이 가져간다. 특히 '부모의 퇴직금과 같은 목돈은 자녀가 보는 순간 내 돈이 아니다!'라는 말이 있다. 어느 날 아들, 사위가 사업한다고 도와 달라고 한다. 이럴 때 사업자금을 안주면 욕 먹어 죽고, 찔끔찔끔 주면 목 졸려 죽고, 다 주면 굶어 죽고, 어쨌든 세 가지 방법 모두 죽는 거다. 자식들에게 집 팔아서 사업자금 대주고 쪽방 사는 부모들 많다. "자기 힘으로 직장 다니면서 고생해 봤으면 오히려 안 망했을 텐데…", "그때 독한 마음먹을 걸". 사업자금 도와 달라고 왔을 때 돈을 주면 그 돈은 자식이 아니라 남 좋은 일시키는 꼴이 된다. 부모에게 손 벌릴 정도면 어차피 망할 확률이 높다. 그럴 거면 오히려 망한 후에 용기 내서 다시 일어설 수 있도록 생활비를 지원해 주는 것이 훨씬 낫다. 또한 세계에서 우리나라의 대학진학률이 70%로 가장 높다. 2등은 일본으로 50%이다. 어떻게 한국, 일본이 선진국들을 제치고 당당히 1, 2위를 차지했을까? 한국과 일본의 부모들은 대학등록금은 부모의 책임이라고 생각한다. 하지만 유럽과 미국, 캐나다 같은 선진국에서는 자녀들이 당연하게 학자금 대출을 받고 취직해서 스스로 갚는다.

선진국의 아이들은 본인이 대출받아서 공부해야 하기 때문에 학교가 시원찮고 공부가 싫으면 그 돈으로 다른 일을 일찍 시작한다. 하지만 한국의 자녀들은 공부하기 싫고 학교가 시원찮아도 부모가 학비를 다 대주니까 무조건 대학에 들어간다. 그러니 대졸자가 취직이 잘 안 되는 것이다. 그런데 결혼비용에 대해서는 한국과 일본이 또 다르다. 선진국은 당연히 본인들이 알아서 결혼하고 일본도 결혼비용을 부모가 지원하지 않는다. 유독 한국만 대학등록금, 결혼비용, 사업자금까지 자녀에게 돈을 퍼붓고 있다. 정작 본인들의 은퇴준비는 하지도 않는다. 몇 억 있어 봤자 자녀 리스크에 걸리면 아무 의미가 없다. 귀여운 자녀가 가장 무서운 리스크인 것이다.

■ 세계 대학진학률 순위

1위: 한국(70%), 2위: 일본(50%)

■ 대학등록금

내용	선진국	일본	한국
대학등록금 부모지원	✖	●	●

■ 결혼비용

내용	선진국	일본	한국
결혼비용 부모지원	✖	✖	●

(2) 투자 리스크

은퇴를 하게 되면 매달 들어오던 월급이 끊기게 되어 마음이 조급해진다. 그래서 주식, 부동산 등 수익률은 높지만 위험률 또한 높은 상품에 투자하게 된다. 투자하려는 상품에 대한 전문적인 지식도 없이 주변 지인들이나 방송에서 유혹하는 전문가들의 말만 믿고 인생을 건 아주 위험한 모험을 하기 시작한다. 거의 도박에 가깝다. 그런데 서민들이 어렵게 저축하고 대출받고 영끌(영혼까지 끌어모으다)까지 해서 투자하면 주식과 부동산은 하락하고 비트코인은 폭락한다. 부동산은 그래도 양반이다. 주식의 경우는 돈을 많이 번 사람도 있지만 열에 아홉은 결과적으로 원금도 지키지 못한다. 은퇴 후에는 돈을 버는 것보다도 내 재산을 어떻게 지키느냐가 더 중요하다.

(3) 창업 리스크

은퇴 후 먹고 살아야 하니 퇴직금에 집까지 담보로 대출받아서 실버창업을 한다. 하지만 국세청 자료에 의하면 2018년 폐업하는 자영업자가 100만 명을 넘어섰다. 자영업 폐업률(1년에 개업 대비 폐업수)은 2016년 77.8%, 2017년 87.9%, 2018년

90%이다. 자영업자 10명이 개업하는 동안 9명이 문을 닫았다는 얘기이다. 소비침체와 근로시간 단축으로 손님은 줄어드는데 최저 임금은 2년 새 30% 가까이 오르게 되니 버틸 수가 없는 거다. 목돈 들여서 실버 창업하고 직원을 고용해서 자영업을 하는 것은 퇴직 후 정말 위험한 리스크이다.

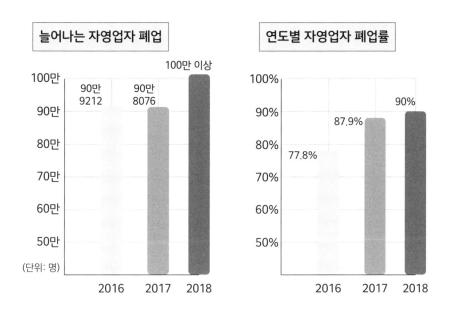

이 장에서 설명한 '행복한 노후를 망치는 최대의 적 세 가지'를 다시 한번 정리해 보면 다음과 같다.

첫 번째 자녀 리스크이다. 교육비, 결혼비용, 사업비용을 다 대주고 나면 부모 자신의 노후는 포기해야 한다. 두 번째 투자 리스크이다. 전문적인 지식 없는 무리한 투자는 도박이나 다름 없다. 세 번째 실버창업 리스크이다. 투자비용이 높은 준비 없는 실버창업은 100% 실패한다.

은퇴 준비에 있어서 가장 중요한 것은 리스크가 없어야 한다는 것이다. 잘못하면 유일한 재산인 집마저 날리고 40년에서 50년 가까운 인생 후반부를 비참하게 보낼 수도 있다. 자녀들이 부모의 노후자산을 존중할 수 있도록 충분히 대화하고 투자와 실버 창업에 대해 미리미리 공부하고 준비해서 리스크를 줄여나가야 걱정 없는 노후를 누릴 수 있을 것이다.

2) 은퇴 후 친구 없는 사람의 다섯 가지 특징

은퇴 후 행복을 좌우하는 것은 무엇일까? 건강, 돈, 명예, 친구 등 사람마다 그 기준은 다르다. 하버드대학의 연구결과, 사람이 행복하고 건강하게 나이 들어가는 것을 결정하는 건 돈이나 명예가 아니라 사회적 인간관계였다. 즉 가족, 친구, 이웃과의 관계이다. 또한 이들과의 친밀한 관계는 수명을 연장한다. 아내와 함께 사는 남성은 매일 담배를 한 갑 이상 피워도 비흡연 이혼 남성보다 오래 산다는 연구결과도 있다.

삶이라는 것은 혼자 사는 것이 아니기 때문에 힘들 때나 괴로울 때 내 옆에 힘이 되어주고 용기를 줄 수 있는 소중한 친구가 있어야 한다. 그런데 관리를 잘하지 못했거나 남들과 다른 자기만의 생활습관으로 주변 친구들의 마음을 밀어내고 쓸쓸하게 노년을 보내는 사람들이 있다.

이 장에서는 은퇴 후 친구 없이 고독하게 노년을 보내는 사람들의 다섯 가지 특징에 대해서 알아보자.

▶ 특징 1: 같이 무언가를 하자고 하면 늘 핑계를 댄다.

친구들이 뭔가를 함께 하자고 제안해도 늘 시간문제 혹은 귀찮다는 핑계를 대는 친구가 있다. 더욱 문제인 친구는 처음에는 괜찮다고 했다가 계획 다 세우고 본격적으로 실행하려는 결정적인 순간에 취소하는 친구이다. 해외여행 가려고 예약 다 해놨는데 펑크 내면 정말 맥 빠지고 분위기 싸해진다. 또한 이렇게 약속 펑크 내는 사람일수록 다음에도 또 펑크를 낼 확률이 높다. 물론 사람마다 차이가 있어서 실제로 급한 일이 생겼을 수도 있지만, 자꾸 핑계만 대는 것은 제안해 주는 친구에 대한 예의도 아니고 다른 친구들도 지쳐서 다시는 그 사람에게 제안하지 않게 된다. 내가 친구에게 먼저 약속을 제안하지는 못해도 친구가 먼저 좋은 제안을 할 때 경제적 어려움이 아니라면 시간을 내서라도 함께 하며 교류하는 것이 중요하다.

▶ 특징 2: 친구에게 먼저 연락하지 않는다.

특별한 일이 아니면 평소에 절대 먼저 연락하지 않는다. 하지만 매일은 아니더라도 가끔씩 잘 지내는지, 하는 일은 잘 되고 있는지 물어보는 것은 참 좋은 마음이자 습관이다. 친구가 없는 사람은 먼저 다가가려 하지 않는다. 그러면서 '내 주변에는 친구가 없어서 연락할 사람이 없어'라며 외로워하는데 이런 식의 마인드라면 시간이 흘러도 지금과 똑같은 현실 속에서 살고 있을 것이다. 지금부터라도 친구 목록 옆에 날짜를 적어 한 달에 한 번 정도는 정기적으로 연락해 보면 어떨까? 이렇게만 해도 주변에 좋은 친구들을 얻을 수 있을 것이다. 말로만 다음에 한번 봐야지 하다가는 정말 언제 만날지 모르는 게 사람 인생이다.

▶ 특징 3: 나만의 매력이 없다.

만나더라도 유난히 재미가 없거나 심심한 사람이 있다. 이것은 단순히 재미없는 사람 혹은 성격이 심심한 사람과는 다른 개념이다. 사람이라는 것은 좋은 경험이든 나쁜 경험이든 자기만의 살아왔던 역사가 있기 마련인데 이런 것들이 부족하면 할 얘기가 없어진다. 배우고 말고를 떠나 그냥 인간 자체가 흥미로운 것이 없는데 친해지고 싶을까? 엄청나게 유명해지거나 성공해서 이목을 끌어야 한다는 것은 아니다. 하지만 조금이라도 나만의 개성을 갖기 위해 노력해야 한다. 메모지에 자신이 좋아하는 것과 관심 있는 것들을 적어보고 그것과 관련된 모임에 참석해서 자기계발을 하고 친구들에게 당신만의 것을 보여주어야 한다. 친구들이 자연스럽게 당신 곁으로 다가올 것이다.

▶ 특징 4: 친구들의 뒷담화를 한다.

친구들 사이에 뒷담화를 하는 사람들이 의외로 많다. 문제는 친구에게 다른 친구의 뒷담화를 할 때 발생한다. 이런 일들이 반복되면 곧 그 친구들이 뒤에서 당신이 어떻게 행동하는지 깨닫게 된다. 결국 뒷담화는 당신에 대한 신뢰를 잃게 만들고, 친구들이 솔직하게 대하는 것을 멈추게 하며 더 이상 친구를 할 수 없게 만든다. 모든 관계에서 신뢰는 중요하다. 물론 가끔은 친구 얘기를 다른 사람에게 할 때가 있다. 하지만 지속적으로 반복한다면 우정에 있어 부정적인 요소로 작용할 것이다. '뒷담화는 모든 공동체의 적'이다.

▶ 특징 5: 인색하고 잘난 척을 한다.

인색한 친구는 절대 자신이 먼저 밥값을 내는 경우가 없고 더치페이를 할 때도 돈을 적게 내려고 애를 쓴다. 만날 때마다 말이다. 정말 얄밉지 않은가? 그런데 이런 친구들이 자신을 위한 것에는 돈을 아끼지 않는다. 명품의류, 건강식품 등은 잘도 산다. 그리고는 자랑질을 시작한다. 이런 친구라면 다시는 보고 싶지 않다. 은퇴 후에는 친구를 만나면 잘난 척을 하지 말아야 한다. 돈 자랑, 건강 자랑은 어차피 함께 늙어가니까 그런대로 참을 수 있지만 자식자랑은 정말 하면 안 된다. 그게 제일 뼈아프다. 더군다나 요즘은 돌싱도 많고 결혼하지 않은 미혼들도 워낙 많기 때문에 내 맘대로 안 되는 자식자랑은 절대 하면 안 된다.

여러분은 '은퇴 후 친구 없는 사람의 다섯 가지 특징' 중 해당되는 내용이 있는가? 만약 은퇴 후 주변에 친구가 없다면 기본부터 잘 지키고 있는지 점검해 봐야 한다. 은퇴 후 주변에 친구가 없다는 것은 평범한 것을 제대로 하지 않아서이지 특별한 것을 못해서가 아니다. 사람 관계라는 것이 머리로는 알아도 실천하기는 어려운 법이다. 지금 바로 생각나는 소중한 친구에게 전화를 해보는 건 어떨까?

3) 코로나시대, 안정적인 노후를 망치는 지름길 다섯 가지

한국에서의 베이비부머들은 전기 베이비부머인 1955년부터 1963년, 중기 베이비부머인 1964년부터 1967년, 후기 베이비부머 1968년부터 1974년생으로 구분지을 수 있다. 이 중 우리가 보통 베이비부머라고 부르는 세대는 전기 베이비부머인 1955년부터 1963년 출생자를 의미한다. 이들은 또한 대한민국의 경제성장을 주도한 세대이다. 2022년 현재 넓은 베이비부머 세대는 약 1,900만 명에 이르고 있다. 우리나라 전체인구의 34.7%에 해당하는 수치이다. 2022년 현재 55년생이 68세이고, 74년생이 49세이니까 그 첫 주자가 벌써 은퇴했고 뒤를 이어 은퇴를 준비하고 있는 셈이다! 이런 베이비부머 세대가 한 해 60만 명씩 은퇴하고 있다. 더구나 코로나19로 인해 조기 은퇴가 급증해서 사회적 경제적 큰 파장이 일어나고 있는 상황에 수명은 급속하게 늘어나고 10명 중 네 명은 노후준비가 부족하다고 여긴다. 산 너머 산이다. 노후는 생각보다 훨씬 빨리 눈앞에 다가와 있다. 준비가 되어있지 않다면 과거를 후회할 수밖에 없다.

이 장에서는 코로나시대, 행복한 노후를 위해 피해야 할 다섯 가지에 대해서 알아보자.

(1) 퇴직금을 실버창업하는 데 모두 사용했다.

보통 직장인들이 20년이상 근속하면 퇴직금이 1억 원 정도는 된다. 그런데 1억 원이라는 돈이 참 애매하다. 퇴직금만으로 노후자산을 사용하기엔 너무 적고 은행에 예치해 놓자니 금리가 너무 낮다. 준비 없이 퇴직을 하게 되면 매달 들어오는 월급이 끊겨 당장 무언가에 도전하고 싶어지고, 그 동안 꿈꿔왔던 일을 시작하고 싶어지고, 결국 퇴직금 뿐 아니라 노후를 위해 준비한 개인연금까지도 모두 해약해서 자영업에 투자하는 경우가 많다.

이 같은 투자는 노후대비 측면에서 바라보았을 때 당장의 불확실한 이득을 위해서 미래의 노후를 포기하는 것과 같다. 10명이 실버 창업하면 3년 이내에 8명이 폐업한다는 사실을 잊지 않기를 바란다.

(2) 빚을 내서 투자했다.

투자에 있어 수익을 극대화하는 방법 중의 하나는 대출을 통해 '레버리지효과'를 내는 것이다. 투자란 처음엔 잘 되는 듯하다가도 욕심을 내다보면 결국 제자리로 돌아오거나 원금까지도 손해를 보게 되는 안타까운 상황이 발생하기도 한다. 빚을 내서 무리하게 투자하면 미래를 보는 투자가 아닌 한치 앞만 보는 투기를 하게 되는 경우가 많다.

투자와 투기의 차이는 기다릴 수 있느냐 없느냐의 차이이다. 따라서 투기성 자금의 특징은 단기적으로 승부를 보려한다는 것이다. 아파트, 주식과 같은 투자 상품들이 투기로 흐르기 쉽다. 결국 큰 것 한방으로 인생역전을 노리다가 노인 빈곤층으로 떨어지는 한방을 맞게 될 수 있다.

(3) 연금의 중요성을 느끼지 못했다.

수요는 필요에 의해서 채워진다. 연금도 마찬가지이다. 불필요한데 왜 납입하겠는가? 과거의 세대들은 현재의 세대들처럼 오래 살지 않았고 자녀들이 부모부양을 당연하게 생각했으며, 자녀수도 많아서 각자 조금씩 모으면 크게 부담스럽지 않았다. 그런데 지금은 결혼도 늦게 하고 결혼하더라도 아이를 하나만 낳고 있다.

부부 한 쌍이 양가 부모 4명을 부양해야 하는 시대가 되었다. 또한 코로나 19로 인해 한국경제를 넘어 세계 경제가 추락하고 있고 일자리문제는 심각한 사회적 문제로 대두되고 있다. 지금의 베이비부머 세대, 즉 5060세대가 처해 있는 상황은 부모는 오래 살고 자식은 오래 책임져야 하는 더블케어 상황이다. 이런 상황에서 연금이 준비되어 있지 않다면 노인 빈곤층으로 떨어질 가능성이 높아질 수밖에 없다.

(4) 노후자산과 노후생활비를 계산해 보지 않았다.

은퇴하는 순간 꼬박꼬박 입금되던 월급은 끊긴다. 그때부터 그동안 쌓아왔던 자산을 소진하며 살아가야 한다. 그런데 노후자산을 소진하는 속도가 상당히 빠른 경우가 많다. 당장 소득이 없는 상황에서 소비수준을 낮추지 않고 과거와 같은 소비패턴을 유지하면 노후자산은 빠르게 감소할 수밖에 없다. 하지만 그 문제도 은퇴 후 한참 후에야 깨닫는 경우가 많다. 깨달은 후에는 다급하게 소비를 줄여보려 하지만 크게 줄여지지도 않고 이미 자산이 상당히 줄어든 상태일 것이다.

그래서 자신의 실수를 만회하기 위해 무리한 투자와 실버 창업을 하게 되는데 결국 더 나쁜 결과가 나올 뿐이다. 소비수준을 낮추지 못하는 이유는 무엇일까? 자신의 노후자산과 노후생활비를 정확히 진단하지 않았기 때문이다. 모아놓은 자산에서 얼마 정도를 소진하며 살아야 하는지 예측하지 않고 막연하게 어떻게 되겠지 하는 생각을 하기 때문이다. 이것은 행복한 노후를 망치는 지름길이다.

(5) 자녀교육에 너무 많은 지출을 했다.

한국 사회에서 대부분의 부모들은 자녀를 위해 아낌없이 투자한다. 자녀가 잘되는 일이라면 아낌없이 주고 싶은 것이 모든 부모의 심정이지만 그 지출이 부모가 감당하지 못할 수준이라면 오히려 독이 되어 돌아올 수 있다. 통계 자료에 따르면 아이를 낳아서 대학까지 보내고 자녀가 취직할 때까지 들어가는 총비용이 약 3억 원 정도라고 한다. 자녀 1명당 3억이라는 것을 감안할 때 부부 출산율이 2020년 기준 0.98명으로 떨어진 것이 이해가 된다. 보통 직장인들은 생활비와 자녀 교육비로 수입의 대부분을 다 써버리고, '미래는 어떻게든 되겠지' 하는 막연한 기대심으로 정작 본인의 노후준비는 제대로 준비하지 않다가 결국 노후빈곤층으로 떨어지게 되는 것이다.

자녀의 교육비는 대부분 소득이 있는 시점에 발생하고 당장 눈앞의 일이기 때문에 노후준비보다 우선해서 챙기는 경우가 많다. 하지만 노후문제는 소득이 없는 시점부터 시작되고 단기간에 준비할 수 있는 문제가 아니며 우리가 생을 마감하기

전까지 지속된다. 세월은 누구도 피해갈 수 없다. 나이가 든다는 것은 곧 은퇴해야 할 때가 다가온다는 의미이다. 물론 은퇴를 하지 않고 직접 사업장을 성공적으로 운영하고 있는 케이스도 있지만 흔한 경우는 아니다.

지금은 몸이 건강하니까 대중교통을 이용할 때 노인들에게 자리를 양보하지만 어느 시점부터는 원하지 않아도 양보 받을 날이 온다. 아무리 훌륭한 운동선수일지라도 언젠가는 그라운드를 떠나야 한다. 이렇듯 은퇴는 피할 수 없는 일이다. 노후대비에 실패한 사람들 중에는 '현재가 계속될 것이다'라는 가정과 '향후에는 더 좋아질 것이다'라는 장밋빛 예상을 하는 사람들이 의외로 많다. 미래에는 지금보다 좋아질 것이기 때문에 당장 준비하지 않아도 된다고 생각하는 것이다. 그러나 희망이나 기대보다 중요한 것은 '준비'이다. 준비를 미룰수록 리스크는 더 커질 수밖에 없다. 안정적이고 행복한 노후를 원한다면 '철저한 준비'만이 정답이라는 사실, 잊지 말자.

3. 100세 시대 당신의 노후는 안전하십니까?

1) 안전한 노후를 위해 점검하고 준비해야 할 열 가지

1990년대 후반, 즉 IMF외환위기 이전까지 5060세대 최대의 관심사 세 가지는 다음과 같다. 첫째, 서울의 몇 평 아파트에 살고 있는가? 둘째, 어떤 자가용을 타고 다니는가? 셋째, 골프 평균타수는 몇 개나 치는가?

이런 것들이 '인생계급'의 상징이었다. 잘 나가던 왕년이었고 대부분의 사람들은 그런 시절이 계속될 줄 알았다. 그렇게 5060세대 상당수가 별다른 준비를 못하고 어느덧 은퇴를 하게 되었다. 현재 대부분의 5060세대는 노후자금이 턱없이 부족하다. 또한 은퇴 후에 노후자금을 준비한 사람은 능력 있는 '시니어'로 대접받고 노후자금이 부족한 사람은 그냥 노인이 되었다. '시니어와 노인' 이렇게 이분법으로 존재하는 5060세대의 노후는 불평등해질 수밖에 없다. 이번 장에서는 '안전한 노후를 위해 점검하고 준비해야 할 열 가지'에 대해 알아보도록 하자.

정직한 은퇴설계

(1) 우리는 얼마나 오래 살게 될까?

한국인의 기대수명은 1970년 남자 58.7세, 여자 65.8세에서 2018년 기준 남자 79.7세, 여자 85.7세로 은퇴 후 노후가 20년 이상 길어졌다. 그리고 2021년 기준 남자 80.6세, 여자 86.6세로 증가하여 세계 최고 수준까지 올랐다. 잘 산다는 것은 잘 늙는다는 것, 잘 늙는다는 것은 행복한 노후를 보내는 것이 되었다.

(2) 왜 노후 준비를 해야 할까?

한국인의 노인 빈곤율은 46%로 OECD 평균 14%보다 훨씬 높다. '65세 이상 노인인구 10만명당 자살자수'인 노인 자살률도 OECD 평균인 20.9명보다 4배나 높은 80.3명이다. 여기에 부모의 노후를 자식이 돌봐야 한다는 비율은 2008년 40.7%에서 2018년 27.2%로 10년 만에 13.5년이나 줄어들었다.

■ 노인 빈곤율

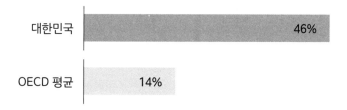

OECD 평균 14% 보다 훨씬 높다.

(3) 노후생활비는 얼마가 적당할까?

노후생활비는 연령대, 주거형태, 주거위치에 따라 차이가 있지만 평균으로 보면 부부기준 최소 176만원~적정 243만원이었고, 개인기준 최소 108만원~적정 153만원인 것으로 나타났다. 너무 과하다고 생각하는가? 개인차가 있긴 하지만 은퇴 전 생활비의 60~70% 정도가 필요한 것이 사실이다.

■ 부부기준 노후생활비

최소 생활비 | 176만 원

적정 생활비 | 243만 원

(4) 노후생활비 마련은 어떻게 할까?

요즘 은퇴를 준비하는 사람들이 안정적인 노후준비를 위해 연금을 선호하고 있는데, 그중에서도 국민연금을 1순위로 뽑았다. 퇴직연금, 주택연금, 개인연금 등 다양한 종류가 있지만 국민연금은 물가상승률을 반영하고 노후자금을 평생 받을 수 있기 때문에 가장 선호하는 것으로 나타났다. 또한 연금만으로 부족한 것을 채울 수 있도록 재취업에 유리한 자격증을 준비하는 것도 좋은 방법이다. 일례로 바리스타, 크리에이터, 드론전문가 등이 있다.

(5) 건강하십니까?

건강수명(64.5세)과 기대수명(82.7세) 사이에는 18년의 차이가 있다. 건강하지 못한 상태로 18.2년이나 살아야 한다는 것은, 몸도 몸이지만 큰 경제적인 부담으로 다가온다. 단순히 오래 사는 것보다 건강한 삶을 유지해 나가는 것이 중요하다.

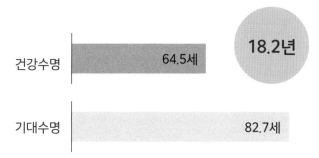

■ 한국인의 평균수명

건강수명   64.5세   18.2년

기대수명   82.7세

(6) 우리나라 3대 질병 사망원인을 아는가?

3대 질병은 암, 심장질환, 폐렴을 말한다. 암 사망 비율은 26.5%, 심장질환 10.7%, 폐렴은 7.8%이다. 3대 질병 사망비율이 45%로 성인 2명 중 1명은 이 3대 질병으로 사망한다.

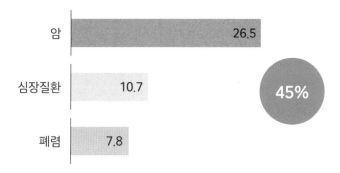

■ 3대 질병 사망비율(%)

암   26.5

심장질환   10.7   45%

폐렴   7.8

(7) 올해 건강검진을 받았는지?

건강한 신체를 위해서는 좋은 음식이 필요하며 이와 더불어 질병을 사전에 발견할 수 있는 정기적인 건강검진은 필수이다. 아직 건강검진을 받지 않았다면 서둘러 받는 것을 추천한다.

(8) 일하고 남는 시간을 어떻게 보내는가?

여가란 일이나 수업과 같은 의무적인 활동 이외에 스포츠, 취미, 휴양 등을 개인이 자기 뜻대로 자유롭게 즐길 수 있는 기간을 말한다. 5060세대 은퇴자들이 가장 많이 한 여가활동은 불행히도 TV시청으로 조사되었다. 무려 43.9%이다. 2위는 인터넷검색, SNS 15.9%, 3위는 전화통화, 문자 5.3%, 4위는 산책, 걷기 4.5%로 나타났다. 그런데 은퇴 후 여가시간을 계산해 보면 하루 중 11시간×365일×20년 → 8만 시간이나 된다. 8만 시간이나 되는 아주 긴 시간을 무의미하게 보낸다면 100세 시대를 살아감에 있어 매우 불행한 일이 아닐 수 없다.

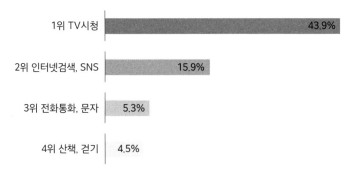

■ 5060은퇴자들의 여가활동 순위

1위 TV시청 — 43.9%
2위 인터넷검색, SNS — 15.9%
3위 전화통화, 문자 — 5.3%
4위 산책, 걷기 — 4.5%

(9) 마음을 나눌 사람이 있는가?

노년기를 대비하는 의미에서 대인관계가 가장 중요하기도 하지만 현재의 삶을 행복하게 살기 위해서도 대인관계는 우리 삶의 가장 중요한 요소이다. 마음에 맞는 친구를 사귀고, 배우자와 마음을 나누고, 부모자식 간의 정을 나누는 등 곰곰이 생각해 보면 우리일상은 타인과의 관계 속에서 이루어지고 있고 이들 관계 속에서 기쁨, 행복, 아픔 등의 감정을 느끼며 삶이 충만해진다. 노년기에는 배우자, 자녀, 형제자매, 친구, 이웃 등과의 긴밀하고 다양한 관계가 중요하다.

(10) 대인관계(사회적 관계 영역) 이렇게 해 보자.

상대방이 연락하기 전에 먼저 연락하고 상대방에게 관심 있다는 신호를 먼저 보내라.

- SNS 활용하기: 요즘 사람들은 카카오톡, 밴드, 페이스북 등 다양한 SNS를 사용하고 있다. 지리적·시간적 여건이 안돼서 자주 만나기 어렵거나 아직 개인적인 친분이 없어 찾아가기 어색한 경우 SNS를 통해 안부를 묻고 관심을 표현해 보자.

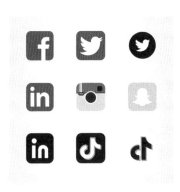

- 특정일을 정해 연락하기: 한 달에 한 번 정도 특정일을 정해 지인들에게 안부를 묻고 관심사를 공유해 보자. 즐겁고 행복한 세상이 열릴 것이다.

5060세대들은 은퇴 후 낭만과 여유가 넘치는 '로맨스 그레이'를 꿈꾸며 살아왔을 것이다. 하지만 준비하지 않으면 그 어디에도 '로맨스 그레이'는 없다. 그것은 정말 꿈이 되고 만다. 일하고 땀 흘리는 백발이 있을 뿐이다. 무슨 일이든 하지 않으면 생계를 위협받는 참 힘든 세월이 우리를 기다리고 있을 것이다. 노후준비는 '지금'이 가장 적기이며 빠르면 빠를수록 좋다.

'안전한 노후를 위해 점검하고 준비해야 할 열 가지' 지금 바로 시작해 보자. 여러분의 삶이 달라질 것이다.

2) 노후 생활비 얼마면 될까?

여러분의 노후준비는 어떠한가? 공적연금인 국민연금을 시작으로 연금보험, 저축, 부동산 등 다양한 방식으로 노후준비를 하고 있을 것이다. 정부에서는 은퇴

한 부부의 최저생활비를 150만 원 정도로 책정하고 있지만 그것은 먹고 자는 것만 해결할 수 있는 '최저 생존비'이다. 공공기관, 은퇴연구소에서 제시하는 적정 부부 생활비는 월평균 250만 원 정도 된다. 각자가 처해있는 상황이나 환경에 따라 노후 생활비의 지출규모는 천차만별이기 때문에 많고 적음을 논하기 어렵겠지만 '노후 생활비 250만원' 정말 적당한 금액일까?

노후준비, 은퇴준비를 함에 있어서 노후생활에 필요한 구체적인 비용을 알지 못하고 막연하게 준비한다면 시간이 지날수록 그 방향과 목적이 불안해질 수밖에 없다. 노후생활비 도대체 얼마면 적당할지 이 장에서 함께 계산해 보자. 4050세대를 지나 은퇴 후 60대가 되면 일반적으로 수입은 줄어들지만 소비는 크게 줄지 않는다. 통계자료를 보면 월평균소득은 은퇴 전 469만원에서 284만원으로 40% 감소하지만 월평균지출은 267만에서 201만원으로 20%밖에 감소하지 않는 것으로 나타났다. 은퇴 후엔 소득대비 소비의 비율이 점점 높아질 수밖에 없다. 한국인의 기대수명은 1985년 69세, 2000년 76세, 2017년 82세로 꾸준히 늘어나고 있다. OECD 평균보다 2년 정도 긴 수준이다. 수명이 길어진 만큼 노후준비는 잘 되고 있는 걸까?

2018년 보험개발연구원에서 발표한 [은퇴시장 리포트]와 국민연금연구원에서 발표한 [중고령자 경제생활 및 노후준비실태 보고서]를 비교해 보면 노후 부부생활비 최저금액을 보험개발원은 265만원, 국민연금연구원에서는 176만원, 적정생활비는 보험개발원 327만원, 국민연금연구원은 243만원이라고 발표했다.

은퇴 이후 기존에 수령하던 고정적인 수입이 사라지게 되고 그동안 참여했던 경제활동의 중단으로 재무적인 부분에서 많은 고민이 발생할 수밖에 없다. 많은 사람들이 경제활동 시기에 가구의 재무적인 안정성을 확보하기 위하여 부동산, 주식, 적금 등의 다양한 금융상품을 통해 미래자산을 축적하여 은퇴 이후 활용 자산으로 이용하려고 하고 있다. 그러나 은퇴 이후 소득감소와 이에 따른 경제적 여건의 변화로 자산의 감소와 처분 등을 걱정하게 된다. 그러므로 은퇴 이후 자산 감소를 최소화하고 소비생활을 유지하기 위한 노력에 많은 관심을 가질 수밖에 없다. 즉 생애주기별로 소유하고 있는 자산의 양에 변동이 생겨도 가계활동에서는 전 생애 동안 같은 소비충당을 위해 소비수준을 유지하려는 경향이 있는 것이다. 이러한 노력을 통해 가계의 생애자금 효용을 극대화시킬 수 있다고 생각하기 때문이다.

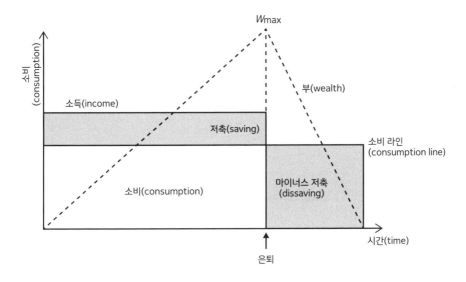

결국 우리의 일생에서 가구소득의 가장 큰 변곡점은 은퇴라는 시기이며 이 시기 이후에는 가구 소득이 줄어든다는 것을 모두 알고 있다. 하지만 그러한 상황 속에서도 소비를 줄이기를 바라지 않을 수 있는데, 이는 경제활동 시기에 자산의 축적 동기가 되고 이를 통해 소비의 유지를 기대하는 것이다. 이러한 소비의 과정은 기존의 수입과 미래 수입의 예측 그리고 다양한 변수 예측을 통해 유지를 꾀해볼 수 있다.

$$C = (A + RY) / S$$

(여기서 C는 소비, A는 현재까지의 자산, R은 남은 소득 발생 년 수, Y는 연 소득,

S는 생존 기대연수)

즉 우리가 향후 70년을 살게되는 경우, 우리가 축적해둔 자산인 현재까지의 부와 미래 소득의 합(A + RY)을 70년으로 나누어 원하는 소비를 유지할 수 있다고 보는 것이다. 따라서 이와 같은 보고서와 다양한 자료에서 언급하고 있듯이 자금 생성 시기부터 자금출처가 소멸되는 시간 그리고 그 이후의 경제활동에 대한 고민을 할 수밖에 없다. 그래서 부의 생애주기를 통해 우리의 소득을 관리해야 하는 것이다.

조사방법과 통계자료의 기준에 따라 다르겠지만 공적 기관인 국민연금연구원의 통계자료를 기준으로 적정생활비는 250만원 정도이다. 성별로는 여성보다 남성이 생각하는 최소 노후생활비의 수준이 높았고 나이가 많을수록 필요하다고 생각하는 최소생활비의 수준이 낮아졌다. 또한 학력이 높을수록 최소생활비의 수준이 높게 나왔다. 그렇다면 은퇴 후 월평균 생활비를 계산해 보자.

▶ [월 생활비 산정기준]
　① 도시의 30평대 아파트 거주
　② 2000cc 자가용을 보유
　③ 자녀와 거주하지 않는 60대 부부

월평균생활비는 정기지출, 비정기 지출 그리고 의료비로 나눌 수 있다.

첫 번째 '정기지출'을 정리해 보면 다음과 같다.

① 30평대 아파트 관리비: 여름, 겨울 냉난방비용에 따라 차이가 있겠지만 평균 20만 원 정도는 나온다. ② 의식주 비용: 부부 둘이서 생활하니까 식비야 얼마 안 들겠지만 옷이라도 한 벌 사 입으려면 월 50만 원 정도는 들어간다. ③ 지역 건강보험료: 20만 원 정도는 나온다. 60대에 은퇴해서 아파트 한 채, 자가용 한 대 기준 생각보다 많이 나온다. ④ 개인보험료: 의료실비보험, 암보험, 치아보험 등 개인별로 한·두 개씩은 가입했을 것이다. 은퇴 전에 가입해서 은퇴 후까지 납입해야 하는 갱신형 보험료 1인당 10만 원씩은 들어간다. 부부가 함께 생활한다면 20만원이다. ⑤ 통신료: TV, 인터넷, 부부 휴대폰 등이 있다. 요금제에 따라 다르겠지만 요즘 스마트폰을 많이 이용하기 때문에 부부 합해서 15만 원 정도는 들어간다. ⑥ 외식비: 분위기 있고 비싼 곳에서 외식하지 않더라도 삼겹살 한 번, 치킨 한 두 번 시켜 먹어도 월 10만 원은 들어간다. ⑦ 교통비 20만원: 65세 이상은 지하철요금이 면제되지만 자가용에 주유 한 번만 해도 10만원이다. 한 달에 두 번 주유한다고 보고 20만 원은 잡아야 한다. ⑧ 종교 취미활동: 교회, 성당에 다닌다면 헌금, 십일조, 교무금 등을 내야하고 취미생활 하는 모임에 참석하려면 1인당 10만씩은 들어간다. 부부 합해서 20만 원도 부족할 수도 있다.

다음은 '비정기지출'이다.

① 경조사비, 만만치 않게 들어간다. 무슨 결혼식이 그렇게 많은지… 지방 한 번 다녀오면 수십만 원 깨진다. ② 재산세, 자동차 보험료, 자동차 수리비 등도 큰 부담이다. ③ 여기에 부모님 용돈, 병원비, 자녀 결혼비용, 손주 용돈 등 한도 끝도 없다.

통계자료를 보면 우리나라 노인가구가 비정기적으로 지출하는 비용이 연평균 500만 원인 것으로 나왔다. 월 40만 원 수준이다. 개인에 따라 차이가 많이 나겠지만 부모님을 부양하지 않고 자녀와 동거하지 않더라도 예상치 않게 들어가는 비용이 만만치 않기 때문에 비정기적 지출 500만원도 많은 금액은 아닐 것이다.

세 번째는 '의료비 지출'이다. 우리나라는 주요질환 사망률이 OECD 평균보다 낮고 비만 인구도 적은 것으로 나타나는 등 건강지표는 양호하다. 그런데 정작 주관적으로 건강하다고 여기는 인구는 적은 것으로 나타났다. 그만큼 우리나라 국민들이 건강 염려증이 많다는 얘기이다. 또한 개인 생애 의료비 지출의 절반 이상이 65세 이후 지출되고 있다고 하니 의료비 지출도 만만치 않다. 2018년 한국보건산업진흥원의 자료에 따르면 우리나라 65세 이상 고령자는 1인당 연간 91만 원의 의료비를 지출하고 있었고, 건강식품 등의 약값까지 포함하면 연간 150만 원씩 지출하고 있다. 1인당 150만 원 이니까 부부 기준 연간 300만 원이고 월평균으로는 25만 원이다. 실비보험으로 도움을 받기도 하지만 만만치 않은 금액이다.

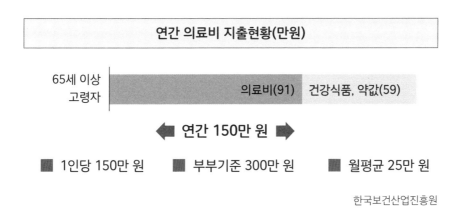

한국보건산업진흥원

그럼 지금까지 설명한 노후생활비를 더해보자. 정기지출 월 175만 원, 비정기지출 월 40만 원(연 500만 원), 의료비지출 월 25만 원(연 300만 원), 합계 240만 원이다. 물론 어디에 사는지, 누구와 어울려 사는지, 무엇을 하며 사는지에 따라서 천차만별이고 여러 사람의 생각을 평균 낸 금액이기 때문에 정작 개인의 목표금액과는 다를 수 있다. 그러나 한편으로는 은퇴연구소나 공공기관에서 얘기하는 노후생활비 250만 원이 과하지 않게 느껴지는 시대를 살고 있는 것이다.

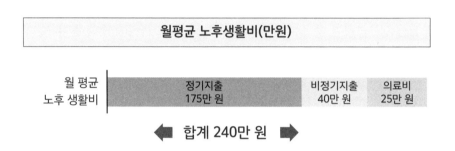

이상과 같이 노후에 필요한 적정생활비에 대해서 알아보았다. 은퇴설계의 궁극적인 목적은 부부가 은퇴생활비로 쓸 수 있는 자산이 충분한지 확인하고 부족한 부분은 채워 넣을 방법을 찾는 것이다. 이때 은퇴자산이란 은퇴 이후 부부가 자녀에게 손 안 벌리고 생활비로 사용할 수 있는 자산을 말한다. 예를 들어 죽을 때까지 살다가 상속할 집이라든지, 자녀결혼자금, 유학자금으로 빼놓은 돈은 은퇴자산으로 볼 수 없다. 그런데 대부분의 사람들은 은퇴자산을 물으면 본인의 전 재산을 말한다. 하지만 이런 착각은 '짧은 행복, 긴 불행'을 가져올 수 있다.

이상과 같이 노후에 필요한 적정생활비에 대해서 알아보았다. 은퇴 후 매월 들어오는 수입, 즉 현금흐름은 노후행복감에도 큰 영향을 미치기 때문에 무엇보다도 중요한 것이 사실이다. 또한 은퇴를 준비하는 사람들의 공적 연금의 비중이 높을수록 안정성과 행복감이 증가한다는 조사결과도 있지만, 공적 연금의 비중을 개인이 원하는 대로 높이기 어려운 것이 현실인 만큼 은퇴 전 되도록 빨리, 소득이 높았을 때부터 별도의 노후자금을 준비하는 과정이 반드시 필요하다. 은퇴는 '자산이 아니라 소득으로 준비해야 한다'는 말을 다시 한번 강조한다.

정직한 은퇴설계

■ 매월 현금흐름은 노후 행복감에 큰 영향을 준다.

■ 공적연금의 비중이 높을 수록 안정성과 행복감이 증가한다.

■ 은퇴 전 소득이 높았을 때부터 별도의 노후자금을 준비하자.

 "은퇴는 자산이 아니라 소득으로 준비해야 한다."

3) 은퇴를 앞둔 50대에게 꼭 필요한 여덟 가지

(1) 배우고자 하는 마음

은퇴 후엔 두 배우자가 필요하다. 하나는 남편 또는 아내, 나머지는 뭔가를 배우자라는 뜻의 '배우자'이다. 사이버대학교나 평생교육원을 통해 저렴한 비용으로 체계적인 교육을 받을 수도 있고 50플러스 센터에서 다양한 취미활동을 할 수 있는 프로그램에 참여할 수도 있다. 특히 요즘 50대에게 인기 있는 '유튜브 크리에이터 양성과정'도 개설되어 있다.

(2) 걷자

가장 돈이 들지 않는 운동 중 하나이다. 하루 8,000보 이상을 걸으면 하루 세끼의 칼로리를 충분히 소모할 수 있다. 또한 '매일 걷기만 해도 병의 90%가 낫는다'라고도 한다. 50대 이후에는 몸이 큰 재산이다. 시간이 없다면 출·퇴근길을 활용하는 것도 좋다.

(3) 글을 쓰자

누구나 퇴직과 은퇴를 하는데 이럴 때 은퇴를 기다리는 자신의 마음과 준비상태를 글로 옮겨 보면 어떨까? 요즘은 일부러 글쓰기 수업을 배우러 다니는 50대가 많다. 자신의 개인 블로그를 개설해 일상을 기록해 두고 은퇴시점에 축적된 글을 출판해도 괜찮다. 글쓰기는 은퇴 시점에 두려움보다 큰 자신감을 가져다 줄 것이다.

(4) 잘 듣자

'나이가 들수록 입은 닫고 귀는 열어라'라는 말이 있다. 영화 [인턴]에서 70세의 벤은 과거 직장에서 얻은 노하우와 풍부한 인생경험을 무기로 젊은 직장인들의 고민을 잘 들어주며 존경받는 인물로 등장한다.

(5) 옷을 잘 입자

패션은 더 이상 젊은이들의 전유물이 아니다. 사회에서 자리를 물려주었다고 자신의 개성마저 물려준 것은 아니다. 나이가 들어감에 따라 무채색에 익숙해지는 표현력을 과감하게 저항할 필요가 있다. 안경도 나를 표현해줄 수 있는 중요한 소품이 될 수 있다. 작은 소품으로도 자신을 표현할 수 있는 경쟁력을 갖출 수 있다. 50대뿐만 아니라 누구나 깨끗하게 옷을 잘 입는 것도 경쟁력이다. 돈을 주고 이미지 컨설팅을 받을 필요까진 없지만, 유튜브에 멋진 패셔니스트들이 '멋있는 중년의 패션'을 제시하고 있다. 큰 돈을 들이지 않고도 '꽃중년'이 될 수 있는 방법은 차고도 넘친다.

(6) 빚지지 말자

대부분의 50대는 직장에서 안정적이며 수입이 가장 많은 시기이다. 어떤 사람은 이때 생에 가장 비싼 차를 구입하는데, 빚을 내서 차나 고가의 물건을 구입하는 것을 자제해야 한다. 고가의 물건이 당신의 사회적 지위를 말해 주지는 않기 때문이다. 50대는 자기 자산과 부채상태에 책임을 져야 하는 나이다.

특히 은퇴 이후 경제적인 수입은 줄어들지만 가족의 지출은 상대적으로 증가하기도 한다. 자녀들의 성장과 더불어 지출의 비중이 기하급수로 증가할 수 있다. 이러한 시기에 정기적인 수입이 없는 경우 본인 소유의 부동산이나 다른 자산을 담보로 대출을 받게되면 자산의 감소가 시작된다. 이러한 상황은 회복이 어렵다. 이럴 경우를 대비하여 적절한 자산관리전략이 필요하다.

(7) 속지말자

50대 후반의 기혼자, 자신의 판단과 금융지식이 평균 이상이라고 생각하는 낙관적인 성격의 소유자, 새로운 판매광고에 귀가 솔깃하는 사람, 최근에 건강 또는 금전적으로 어려움을 겪은 사람, 이 사람들의 공통점이 무엇일까? 바로 금융사기를 당하기 쉬운 사람이라는 점이다. 특히 '아는 사람인데 잘해 주겠지', '전문가니까 잘해주겠지'라는 생각은 버려야 한다. 배우자의 사망, 이혼소송 등으로 어려운 상황에 처해 있을 때 불현듯 다가오는 도움의 손길을 특히 조심해야 한다. 의외로 사람의 어려움을 악용하는 사람들이 많기 때문이다.

(8) 무디게 살지 말자

병이 깊어질 때까지 그 증상을 알 수 없어 침묵의 장기라고 불리는 간처럼 무디게 살아가는 50대들이 적지 않다. '은퇴하면 어떻게든 되겠지', '그래도 자식이 모른 체하지 않겠지', '설마 큰 병은 걸리지 않겠지'라는 무딘 생각으로 은퇴를 맞이하는 건 정말 위험한 일이다.

사람은 성장하는 동안은 늙지 않는다. 노력하는 사람은 75세까지 인간적 성장을 할 수 있다. 100세 시대, 50대라면 아직 50년을 더 살아야 한다. 건강하고 보람된 인생을 누릴 수 있는 시간은 충분하다.

(9) 자신의 은퇴 여정에 대한 버킷리스트를 작성하자

평생 자신이 속해있는 조직을 벗어나 개인의 삶으로 여정을 떠나는 것이 은퇴의 한 과정일 수 있다. 우리는 경제적 주체인 사회구성원으로서 다양한 업무와 이에 대한 목록 그리고 성과를 항상 품고 다녀야했다. 심지어 가족 속에서도 가족을 위한 목록을 구성하여 행복한 생활이라는 목적을 두고 어른들의 희생과 헌신을 투입하기도 했다.

은퇴 이후 본인들이 가장 하고 싶었던 일이 무엇인지 질문을 해 본적이 있는가? 항상 양보와 절제의 삶 속에서 우리가 나아갈 길보다는 자녀들의 미래를 위해서 양보해왔던 기간에 대한 보상이 필요하다.

자신이 평생을 살아오면서 얼마나 자신에게 투자를 했는지 생각해보자. 나이가 들어서 못한다, 돈이 없어 실행이 불가능하다는 핑계는 접어두고 자신이 하고 싶은 일에 대한 목록을 작성해 보는 것이다. 목록을 작성하는 과정만으로도 좋은 에너지가 형성되기도 한다.

버킷리스트를 작성하는 방법은 그리 어렵지 않다. 일단 하고 싶은 것을 다 적어본다. 적힌 목록을 다시 항목별로 나누어 분류한다. 그리고 우선순위에 따라 번호를 부여하고 작성날짜, 달성 혹은 목표날짜를 작성하면 좋다. 그리고 그 내용에 해당하는 사진을 같이 첨부하여 두면 더 좋다.

4) 노후 삶의 질을 높이자!

퇴직 이후 우리는 다양한 이유로 사회적·개인적으로 예전의 모습에서 자유롭지 못하게 된다. 자신이 속했던 사회 구성원으로서의 모습에서 이제는 단독으로 자립을 해야하는 상황이 될 수밖에 없다. 개인적으로 가장으로서의 존엄한 위치가 아니라 이제는 돌봄을 받아야 하는 입장이 되기도 한다. 이러한 시간 속에서 자신 삶의 질을 높이고 자신이 살고 있는 사회적 환경 속에서도 적응해야 하는 또 다른 차원의 세상을 만나게 된다. 이러한 새로운 상황 속에서 우리가 스스로 만족하고 당당한 삶을 살기에는 많은 요인들이 고려되고 적용되어진다. 결국 우리가 살아온 삶의 궤적 속에서 또다른 길을 만들어 가야한다. 그 길 속에서 우리가 느끼는 행복감, 만족감 등을 통해 자존감을 향상시키고 유지할 수 있는 상황을 고려해야 한다.

이처럼 우리가 나이들고 사회적 격리의 시간 속으로 들어서면서 삶의 질은 객관적인 삶의 여건과 주관적인 삶의 평가 사이의 균형으로 결정된다. 남들이 봐도 이해할 수 있는 객관적인 삶의 질은 대부분 우리가 알고 있는 평가지표에서 정해진다. 예를 들어 건강상태, 경제적인 상황, 가족 구성원, 주거 형태, 사회적 관계 등이 대표적인 내용이다. 이 중 건강이나 경제적인 상황 및 주거의 내용은 기본적인 삶의 질을 구성하는 지표가 되기도 하는데, 가장 객관적이면서도 주관적인 지표가 될 수 있다. 또 개인이 처한 환경을 통해 삶의 질에 대한 평가가 이루어지기도 한다. 개인이 본인의 삶을 기능적으로 영위할 수 있도록 환경적인 뒷받침이 중요하게 인식된다는 의미이다. 이러한 환경적 요인들로는 소득, 건강, 교육 및 여가 활동이 있으며, 이러한 것들에 접근 가능성에 대한 역량을 보유하고 있느냐에 대한 영역도 고려할수 있다. 또 이는 가족 및 공동체, 시민참여 등과 같은 사회와의 연대나 결속을 유지할 수 있는 역량을 의미하기도 한다. 이처럼 은퇴에도 자신이 일할 수 있는 역량은 삶의 질에 긍정적인 영향을 준다. 또한 안전이나 환경 영역은 보다 거시적인 차원에서 은퇴 후 노년의 삶의 질에 대한 보장을 의미할 수 있다. 이처럼 성공적 노화의 주요한 요소로 간주되는 신체, 정서, 사회적 행복과 함께 물질과 관련된 생활 여건이 충족되었을 때 비로소 성공적 노후가 성취될 수 있다. 즉 은퇴 이후 우리의 모습인 노인의 삶의 질 주요 영역은 삶의 근간이 되는 건강 유지와 소득 보장, 사회 참여와 적절한 사회적 관계가 유지되고 있는가가 중심축으로 이루어진다는 것이다. 다음의 표는 노인의 삶을 결정 짓는 영역들을 정리한 것이다. 은퇴 이후 노년으로 삶을 살기 위한 준비로 인식해도 무방하다.

▶▶▶ **은퇴 이후 노인의 삶의 질 영역**

구분	개념의 정의	삶의 질 영역		범주
Global Age Watch Index	개인의 기능적 삶	• 소득 보장 • 건강유지	• 일과 교육의 기회 부여	사회
Active Ageing Index	활동적 노화	• 고용 • 사회참여	• 독립, 건강, 안전한 생활 • 활기찬 노화를 위한 기능성 및 제반환경	사회
Aging Society Index	성공적 노화	• 생산력 및 참여 • 웰빙 • 형평성	• 응집력 • 안전	사회
Index of well-being in older populations	성공적 노화 및 물질적 웰빙	• 물질적 웰빙 • 정서적 웰빙	• 신체적 웰빙 • 사회적 웰빙	개인
한형수(2008)	객관적 삶의 여건 + 주관적 삶의 평가	• 건강 • 경제 • 주거	• 가족 및 사회적 관계 • 여가	개인
정경희 외 (2013)	4苦의 최소화	• 건강 • 경제	• 참여 • 관계	개인
정경희 외 (2017)	개인의 기능적 삶 + 제반 환경 구축	• 소득 • 건강 • 교육 및 여가	• 가족 및 공동체 • 시민참여 • 안전 및 환경	개인/ 사회

출처: 이선희(2021), 노인 생애단계별 삶의 질 다중궤적 연구, 이화여대박사학위논문

III

우리시대의
은퇴준비란?

들꽃

김수진

세상의 무관심에도 아랑곳하지 않고
자신의 소신과 아름다움으로
자기다움을 한껏 뽐내고 있는 당신

나도 당신처럼
다른 사람 시선 얽매이지 않고
나다움을 피워내는
들꽃이었으면 좋겠습니다

2 우리시대의 은퇴준비란?

1. 은퇴는 자유다

1) 은퇴 시간을 경험하라

이제 막 은퇴하기 시작하는 우리나라의 베이비부머들은 사회의 산업화에는 크게 이바지했지만 정작 자신의 은퇴준비는 제대로 마치지 못했다. 중요한 것은 비재무설계의 공백이다. 길어진 은퇴생활에서 자신의 삶, 즉 자아실현이 가장 핵심인 것은 당연한데 아직도 사회 곳곳에 남아있는 유교적 전통사회의 흔적은 용기있는 자신의 삶에 대한 장애물이 되기 쉽다.

은퇴란 한가해지는 것이 아니고 일 중심에서 다양한 삶으로 옮겨가는 것, 또 일 중심 관계에서 여러 가지 관계로의 변화가 일어나는 것이다. 그래서 제대로 된 포트폴리오 구성이 필요하다. 하지만 은퇴자의 비재무에 대해 사회전반의 이해가 부족할 뿐만 아니라 은퇴자 본인의 인식도 부족하다는 것이 문제이다. 은퇴설계, 특히 비재무에 대해서 체계적이면서도 구체적인 답을 제시할 수 있는, 그래서 실제 생활에 써먹을 수 있는 은퇴설계서가 은퇴자들에게 필요하다.

자신의 삶을 시작하는 은퇴생활은 자유가 넘쳐야 한다. 다행히 은퇴자는 은퇴 전에 가지지 못했던 자유와 시간, 그리고 그간 고생하면서 터득한 삶의 지혜를 가지고 있다. 은퇴자가 초기에 서두르거나 성급해하지 않고 가지고 있는 자유와 시간을 잘 활용하는 것이 중요하다. 독서도 하고 여행도 하고 사람도 만나고 조사도 하고 현실 파악도 하면서 천천히 자신에게 다가가야 한다.

은퇴자는 생각보다 긴 은퇴기간을 경험한다. 빨리빨리도 잊어야 하며 조급해하거나 휩쓸리고 비교하기 시작하면 처음부터 어려워진다. 나 자신보다 남의 눈치만 보게 되면 자신에게 충실하기 어렵기 때문에 행복과는 거리가 멀어진다. 모방과 집단지성에 여전히 빠져 있다면 물질과 지성의 불균형, 허세와 과시, 보여주기의 공허함에 함몰되기 쉽다. 내면은 약해지고 나를 찾기 어려워지는 만큼 성공적인 은퇴생활은 어렵다. 은퇴생활은 기본적으로 자신을 찾는 과정이어야 하기 때문이다.

천천히 자기 내면을 들여다보고 이제 나의 때가 왔다고 마음먹자. 남과 비교하지 말고 그간 감추어져 있었던 자신의 멋진 보습을 찾아보자. 그것이 성공적 은퇴설계의 시작이다. 그래도 우리에게는 소중한 자유가 있기에 스스로 비교와 모방의 굴레로 찾아 들어가지만 않는다면 희망은 있다.

2) 자유의 또 다른 의미

오늘날 우리 사회는 개인주의와 집단주의가 혼재한 모습을 보이고 있다. 전통의 집단주의 문화와 서구식의 개인주의 문화가 곳곳에서 충돌하기도 하고 구세대와 신세대가 서로 무시하며 갈등을 겪기도 한다. 뒤늦게 개인주의에 눈뜬 여성들이 억울함을 호소하며 황혼이혼을 결행하기도 한다. 은퇴생활은 진정한 자기 자신을 찾을 수 있는 모처럼의 기회다. 직장상사와 고객뿐 아니라 더는 그 누구의 눈치도 볼 이유가 없으며 오직 나만이 중요한 것이다. 내가 좋아하는 것, 내가 잘하는 것, 정말 하고 싶었던 것, 그런 걸 찾아서 더 늦기 전에 행동으로 옮겨야 한다. 혹여라도 내 마음에 '명분론'의 잔재가 조금이라도 남아 있다면 과감하게 벗어버리고 중용이나 현실순응 같은 것도 다 내버리고 나의 길을 가야 한다. 그리고 남의 길도 방해하지 말아야 한다.

그런 면에서 은퇴자의 자유는 또 다른 의미를 가진다. 훨씬 두툼하고 포괄적인 자유를 갖게 되는 것, 진정한 자유이다. 은퇴자는 비록 은퇴로 권한, 전문성, 자금을 잃게 되지만 대신 실질적 자유와 아무도 침해할 수 없는 시간을 갖게 된다. 백 년 전만 해도 상상할 수도 없는 일이다. 거기에 최근 환경변화로 자유시간 30년을 거저 얻었다. 이제 팔을 걷어붙이고 내 자유를 요리하기만 하면 되는 것이다. 일하든 여가를 즐기든 아니면 일과 여가를 같이 하든 본인에게 달려 있다. 은퇴생활의 성패 여부가 이 자유를 얼마나 제대로 즐기고 활용하느냐에 달려 있음은 명백하다. 더이상 남의 인정을 받기 위해 눈치를 볼 필요도 없고 실적 부진으로 스트레스를 받을 이유도 없는 것이다.

그런데 묘한 문제가 있다. 그 좋은 자유가 자칫 부담되고 거북해지기 쉬울 수 있다는 것이다. 이런 경우가 많다고 한다. 어떤 이는 이것을 비체계적이고 어마어마한 자유라고 표현한다. 갑자기 다가온, 일찍이 경험해보지 못한 거대한 자유 앞에서 어쩔 줄 모르는 경우가 생긴다는 것이다. 왜 그럴까?

자유도 쉽지 않다. 이 역시 초반에 1만 시간의 법칙, 연습, 습관 등이 적용될 것이다. 평생 일에 빠져 있던 사람에게 이 자유가 처음부터 편할 리가 없으므로 웬만큼 익숙해질 때까지 버티는 게 중요하다. 어마어마하고 비체계적인 자유가 어느 정도 정돈되고 체계가 잡힐 때까지 견뎌야 한다. 자유인 훈련이 필요한 것이다. 예를 들어 여행을 가도 패키지보다는 자유여행을 선택하고, 뭘 배워도 당분간 혼자 배우는 것이 좋다.

모처럼의 자유이면서 은퇴기간 내내 지속될 수 있는 소중한 자유는 은퇴자에게 진정 축복이다. 하지만 진정한 자유인이 되기 위해 처음에는 조급해하지 않고 견디면서 자유가 편해질 때까지 훈련을 거듭하는 자세가 필요하다.

 2. 은퇴설계 계획이란?

1) 은퇴설계의 영역

그냥 대충 사는 인생과 뚜렷한 목표와 구체적 계획을 세우고 하루하루 매진하는 삶이 같을 리 없다. 하물며 어디에 얽매이거나 소속이 없는 은퇴자에게 좋은 목표와 계획이 성공적 은퇴생활을 위한 필수요건임은 당연하다. 좋은 은퇴설계는 취약한 재무에 대해서도 대안을 제시할 수 있다는 면에서 또 다른 의미가 있다.

그런데 막상 은퇴설계의 대상 또는 범위라고 할 수 있는 은퇴설계 영역에 대해서는 뚜렷하게 정해진 것이 없다. 금융전문가는 재무를 중요하다고 하기 쉽고, 심리 또는 상담전문가들은 정체성을 보다 강조하는 경향이 있다. 각 영역의 우선순위에 대해서도 마찬가지다. 또한 범위를 너무 넓게 잡으면 목표달성을 위한 집중력이 떨어지기 쉽고 반대의 경우에는 생활이 협소해질 우려가 있다. 어떻게 하는 것이 좋을지 은퇴설계의 영역에 대해 정리해 보자.

먼저 은퇴에 대해 다시 한번 생각해 볼 필요가 있다. 은퇴에 대해서 종래에는 '직임에서 물러나거나 사회활동에서 손을 떼고 한가히 지냄', 또는 '주된 일거리에서 중간일자리나 소일거리 부업 등을 거쳐 완전하게 물러나는 과정' 등으로 정의했었다. 그러나 최근에는 '회사 일을 그만두고 자기 삶을 시작하는 것', 심지어는 '숙제 인생을 졸업하고 축제 인생에 입학하는 것' 등으로 정의하는 추세이다. 또한 은퇴설계에 대해서도 종래에는 미래에 대한 재무계획이나 재취업준비 등이 주된 관심사였던 데 비해 최근에는 정체성 발견, 좋아하는 것 찾기 등 개인의 자아실현에 초점을 맞추는 경향이 강해지고 있다. 따라서 은퇴설계 영역도 적극적으로 모색할 필요가 있다.

은퇴설계 영역에 관한 기존의 사례들을 살펴보자.

한국 은퇴설계 연구소는 은퇴설계를 5대 영역으로 나눈다. 직업, 재무, 소통, 건강, 시간이 그것이다. 직업설계는 재취업, 창업, 귀농, 귀촌 등에 대한 것이고, 재무설계는 소득대체율, 재무제표와 합리적 소비, 노후소득, 연금 및 리스크관리 등을 다룬다. 소통설계는 자아 탐색, 부부, 자녀관계와 커뮤니티 등을 대상으로 하고, 건강설계는 주로 신체와 정서의 건강에 대해, 시간 설계는 시간 설계의 원칙과 일상생활, 자가운영 시간 설계 등을 다룬다.

한국노인인력개발원 지은정 박사는 '고령화 사회 보편적, 균형적 노후설계서비스 활성화 방안(2013.10)'에서 노년기 삶의 질에 영향을 미치는 요인으로 경제상태, 여가, 사회참여, 건강, 가족관계, 종교를 제시하고 그에 따라 노후설계를 재무, 건강, 여가, 대인관계의 4분야로 구분하였다.

정직한 은퇴설계

한국보건사회연구원의 노후준비 실태조사 및 노후준비 지원에 관한 5개년 기본계획 수립연구(책임연구자, 정경희, 2016.11)에서는 노후준비 영역을 사회적 관계, 건강한 생활습관, 여가활동, 소득과 자산으로 구분하였다.

위의 내용을 보면 대체로 어디서나 재무는 공통이다. 재무 이외의 부문, 특히 자아실현 부분은 전반적으로 부족하다. 또한 재무와 비재무의 구분이 불명확하고 우선순위 개념도 보이지 않는다.

개념을 명확하게 하고 은퇴생활 현장 기준으로 구분한다는 측면에서, 우선 은퇴설계 영역을 재무와 비재무로 구분하고 비재무를 다시 기본(fundamental), 자아실현, 사회적 관계의 세 가지로 나누고자 한다. 우선 재무와 비재무를 구분하여 은퇴의 목적이 비재무이고 재무는 그 수단이라는 것을 명확히 할 필요가 있다. 또한 비재무를 셋으로 구분하는 의미는 비재무의 핵심은 '자아실현'이지만 성공을 위해서는 '사회적 관계'와 양립되어야 함을 강조하기 위해서이다. '기본'은 자아실현과 사회적 관계를 지원할 수 있는 인프라로 보면 된다.

2) 각 요소에 대한 설명

재무는 여태껏 은퇴설계의 핵심으로서의 위치를 누려왔지만, 사실은 비재무를 뒷받침하는 도구나 수단이라는 성격으로 이해함이 마땅하다. 따라서 은퇴론에서 재무는 재산증식보다는 현금흐름 확보와 장기 리스크 관리에 포커스를 맞추어야 한다.

비재무에 있어서 '기본' 역시 개인의 자아실현과 성공적인 사회적 관계를 뒷받침한다는 면에서 재무와 흐름을 같이 한다. 이를테면 개인의 건강, 은퇴 후 주거, 가족관계, 부부관계, 소통 같은 것들로 각각의 변수도 중요하지만 기본이 약하면 자아실현과 사회적 관계가 어려워진다는 점을 명심할 필요가 있다. 간단한 예로 부부관계가 나쁘면 은퇴 후 아내와 같이하는 유럽 자동차여행 같은 것들이 어려워진다. 또 은퇴와 동시에 삼식이*가 되거나 아내의 시간이나 공간을 침해하게 되면 인생

---

* 주로 중년층 사이에서 많이 쓰이는 은어로, 은퇴나 장기휴가 등으로 집에 머무는 남편을 이르는 말이다. (집에서) 삼시세끼를 다 챙겨 먹는(먹을 食) 남편이라는 뜻.

후반기의 화려한 계획이 일시에 물거품이 될 수도 있다. 종래의 영역에서 건강 등도 여기 포함된다.

'자아실현'은 자신이 좋아하는 것, 자신이 생각하는 핵심가치, 하고 싶었던 것, 능력을 발휘할 수 있는 것들을 찾아보고 실행에 옮기는 것을 의미한다. 가정을 돌보고 회사에서 책임과 사명을 다하는 직장인들이 자신이 꿈꾸는 삶을 살기란 쉽지 않다. 가정과 가족에 대한 책임, 회사에서의 적응과 성취가 우선이기 때문이다. 그러나 은퇴생활에서는 앞서 본 바와 같이 패러다임이 변화되므로 이 구도가 송두리째 뒤바뀌어야 한다. 회사에서도 떠났고 집에서도 가족에 대한 봉사는 할 만큼 했으므로 이젠 내 삶을 살아야 한다. 다만 아내도 마찬가지일테니 공동의 개념 정립과 소통이 필요하다. 자아실현 과정에서는 자신의 정체성 발견, 목표 수립, 실천계획 만들기, 실행 등의 만만치 않은 프로세스를 거쳐야 한다. 기존 사례에서의 여가가 자아실현에 포함되어야 함은 물론이다.

하지만 그에 못지않게 또 중요한 것이 '사회적 관계'이다. 구체적으로는 친구, 봉사, 종교, 여가 등으로 나타난다. 물론 여가는 개인의 몫이기도 하고 사회적 관계이기도 하다. 이 사회적 관계가 약하면 설혹 자아실현이 강하다고 하더라도 길고 긴 은퇴생활에서 외로움에 빠지기 쉬울 뿐만 아니라 삶의 활력을 유지하기 어렵다. 직장생활에서는 같이 일하는 동료와 고객이 있기에 때론 스트레스를 받고 힘이 들어도 외로움에 빠지기는 쉽지 않다. 그러나 은퇴자는 외로움의 리스크에 늘 노출되어 있다. 그런 면에서 사회적 관계 형성은 매우 중요하다.

성공적 은퇴설계가 되기 위해서는 각 영역 변수들의 밸런스가 중요하다. 예를 들어 재무는 넘치고 좋은데 비재무가 취약하면 목표 잃은 항해가 되기 쉽고, 역으로 비재무는 좋은데 재무가 약한 경우는 자아실현이 헛된 꿈에 그치고 만다. 비재무에서 '기본'은 은퇴생활을 지탱하는 버팀목인 동시에 자아실현과 사회적 관계를 가능케 하는 지원시스템이다. 자아실현과 사회적 관계는 둘 다 필수항목이면서 균형이 필요하다. 전자가 약하면 은퇴생활이 무의미해지기 쉬우며, 후자가 빈약하면 외롭고 쓸쓸해져서 전자를 오래 지탱하기 힘들어진다.

3. 은퇴에 대한 개념정리

1) 패러다임

은퇴생활의 성공은 생각처럼 쉽지 않다. 이유로는 여러 가지가 있겠지만 크게 경제적 환경 등의 여건이 어렵다는 것과 의외로 은퇴자들이 은퇴생활에 대해서 잘 모른다는 것, 이 두 가지가 주된 이유이다. 경제적 여건보다도 은퇴생활에 대한 이해 부족이 더 심각하다. 설사 여건이 좀 안 좋더라도 은퇴 생활에 대해 잘 알고 있으면 불리한 환경하에서도 유연한 대응으로 실패를 면할 수도 있기 때문이다.

은퇴에 대해서 알아야 할 것은 물론 수도 없이 많겠지만, 그중에서도 은퇴로 어떠한 환경변화가 생기는지 파악하는 것이 최우선 관심사가 되어야 할 것이다. 은퇴 전 생활과 은퇴 후 생활이 무엇이 어떻게 다른지에 대해 한번 생각해보자.

변화를 설명하는 용어로는 '패러다임'이 있다. 패러다임(paradigm)은 1962년에 미국 철학자인 토머스 쿤이 자신의 저서 '과학혁명의 구조'에서 처음 제시한 개념이다. 그는 '패러다임'이란 한 시대 사람들의 보편적인 인식체계나 사물에 대한 이론적인 틀을 말하는 것이며 모든 생물과 마찬가지로 과학 역시 성장과 쇠퇴를 반복하며 새로운 패러다임이 형성된다고 하였다. 또한 시대마다 사람들의 사고의 틀이 바뀌며 한 시대를 지배하던 패러다임은 사라지고, 경쟁 관계에 있던 패러다임이 새롭게 그 자리를 대신한다고 주장했다.

최근 이 '패러다임'이 비단 학문적 분야뿐만 아니라 여러 영역에서 전통적인 '인식과 틀'과 '성공할 수 있게 해주는 기능과 규칙'과 관련하여 폭넓게 사용되고 있다는 데 착안하여, 은퇴를 설명하기 위해 '패러다임의 전환'이라는 개념을 빌려보고자 한다. 은퇴 전과 후의 환경변화의 차이를 '패러다임의 전환'으로 비교·설명하고 어떻게 하면 변화된 은퇴 후의 삶을 성공으로 인도할 수 있을지 방법을 모색해 보도록 하자.

2) 은퇴 전과 후의 환경변화

첫째, 소득이 월급에서 연금으로 바뀐다. 그런데 기본적인 소득의 차이 말고도 때때로 이것저것 추가되는 것도 있고 가끔 생기는 눈먼 돈 같은 것도 있는 월급과는 달리 연금에는 더해지는 것이 없다. 따라서 은퇴 후에는 자산의 안정성을 유지하면서 현금 유동성을 확보하는 것이 중요하다. 은퇴 후에도 무엇을 해 보겠다고 연금방식이 아닌 일시금을 택한다든지, 금융자산 중에서도 위험이 수반되는 투자를 선택하는 것은 좋지 않다. 고령화에 대비하여 미리부터 은퇴 후에 연금을 확보할 수 있는 구도를 만들어가는 것이 중요하며, 은퇴 후에는 연금생활자답게 삶에서 거품을 빼고 허례허식을 줄이는 것도 필요하다.

둘째, 관계가 직장 위주에서 가정과 친구 위주로 바뀐다. 그런데 가정에서의 부부관계나 자녀 관계, 또 친구 관계가 어느 날 '내가 이제 퇴임 했으니 앞으로 신경 잘 쓰고 잘 할 테니까 우리 잘 해 봅시다' 해서 될 문제가 아니다. 평소에도 아내가 바라는 것이나 힘들어하는 게 뭔지 잘 살펴보고 소통해야 하고 자녀와도 마찬가지로 공동의 터전을 만들고 자녀를 이해하고 도와주는 자세를 가져야 한다. 친구 관계는 말할 것도 없다. 평소에 친구관계와 네트워크를 미리 공유한 게 없으면 은퇴 즉시 애물단지로 전락할 위험이 크다. 아주 오랜 시간을 허물·부담 없이 동고동락하며 경조사 등 유사시에 자기 일처럼 나서주는 게 친구들이긴 하지만 의외로 끼리끼리가 심한 게 또 친구관계다. 미리부터 이런저런 건수로 친구 모임이나 부부동반 모임 같은 것을 신경 쓸 필요가 있다. 비교적 힘들이지 않고 적은 노력으로 좋은 성과를 얻을 수 있는 게 학창시절 친구들이지만 평소에 무심하면 절대 안 된다는 것을 명심해야 한다.

셋째, 시간이 일 중심에서 여가 중심으로 바뀐다. 여기서 중요한 것은 은퇴 후에 편차가 더 커진다는 것이다. 은퇴 전에는 대부분 일 중심의 비슷한 시간을 보낸다. 그러나 은퇴 후에는 준비된 사람과 준비 안 된 이의 격차가 커진다. 기본적인 여가의 포트폴리오만 해도 여행, 사진, 음악, 스포츠, 독서, 영화 등이 있고, 그중 여행의 종류만 해도 국내여행, 해외여행이 있고, 해외여행에도 패키지와 자동차여행 같은 자유여행이 있다. 사실은 이 여가를 얼마나 잘 보내느냐가 은퇴생활의 성패를 좌우한다고 해도 과언이 아닐 텐데, 여가와 관련하여 은퇴생활을 구분해 보면 삼식이파, 사무실파, 도서관외톨이파, 성공파로 나눠볼 수 있다. 삼식이파는 사교적 기질이 없는데다가 준비가 전혀 안 된 경우다. 좋아하는 것도, 좋아하는 이도 별로 없고 그야말로 일만 하고 살다 보니 일이 없어지면서 어디 갈 곳도 별로 없어서 그냥 집에 있는 케이스다. 식구들은 아무도 좋아하지 않고 때마다 밥을 차려야 하는 배우자에게는 이 유형의 은퇴가 인생 최악의 시나리오다. 사무실파는 친구들 또는 뜻이 맞는 몇 사람이 각출하여 사무실을 하나 빌리고 거기서 바둑 두고, 당구 치고, 고스톱도 하는 것이다. 최소한 외로움이나 삼식이와 같은 설움은 면할 수 있어 좋은데 이게 잘못하면 끼리끼리의 재미에 빠져 모든 것을 사무실 사람과 같이 하려고 하는 유혹에 빠지기 쉽다. 모여서 점심부터 같이 먹고 사무실에서 같이 시간 보내다가 내기해서 저녁에 술도 같이 먹고, 때때로 여행도 같이 간다. 그러다 보니 혼자만의 시간과 공간을 확보하지 못하는 문제가 생길 수 있고 은퇴 후에 가정에 소홀해질 수도 있다. 도서관외톨이파는 그간 못 본 책도 보고 자신의 독자성과 세계를 확보할 수 있다는 점에서 좋은 점도 있다. 하지만 하루 이틀 지나면 외롭고 지루해진다. 혼자 보내는 은퇴생활은 그 자체로 성공적이라고 보기 힘들다.

시간의 패러다임에 있어 은퇴자에게 성공이란 '혼자만의 시간'과 '더불어 같이의 시간'이 잘 조화를 이루는 경우인데 이게 바로 성공파다. 성공파는 도서관외톨이파처럼 외롭지도 않고, 또 사무실파처럼 관계에 함몰되지도 않는다. 은퇴자가 혼자만의 시간을 확보해야 하는 이유는 자신의 정체성 찾기에 성공하고 또 제대로 된 여가를 보내기 위해서다. '더불어 같이'가 필요한 것도 길어진 은퇴생활이 외로움, 쓸쓸함과 고독에 빠지지 않기 위해서다.

넷째, 영역이 밖에서 안으로 바뀐다. 보통 누구나 은퇴 바로 전에 직장에서 전성기를 보낸다. 소관과 영역이 확실하고 관계에서도 우위를 점한다. 그런데 은퇴와 더불어 그 좋았던 영역이 없어지니 누구라도 당황스럽고 허망하며 무기력하고 쓸쓸해지기 쉽다. 동물의 세계에 나오는 젊은 사자에게 쫓겨나 자기 영역을 빼앗기고 남의 동네를 기웃거리는 한때 무리를 이끌었던 늙은 사자를 연상하면 된다. 자기 세계를 잃고 쫓겨난 사자처럼 쓸쓸하게 집으로 돌아오는데 집에도 원래의 주인인 아내가 있다. 대부분 집안에서는 아내가 오랜 기간 아이들과 소통하고 호흡하며 각종 문제를 해결해 온 터라 새로운 존재의 등장이 반가울 리 없다. 또 아내에게도 수십 년간 자리 잡힌 자신의 생활공간과 외부 사람들과의 네트워크가 있다. 자칫하면 남편의 등장으로 아내는 자기 영역을 침범당할 수도 있고 자신의 네트워크가 흔들릴 수도 있다. 이를 피하고자 은퇴자는 은퇴 전이나 은퇴 초기에 아내와의 소통으로 상호 영역을 재조정할 필요가 있다. 대부분 마음을 터놓고 이야기하면 이해하고 양보하는 게 대한민국의 배우자들이다. 이때 잘못해서 아내에게 불편을 주면 회복하기 어려운 문제가 생길 수도 있고, 두고두고 원망의 대상이 될 수도 있다. '아니, 평생을 가족을 위해 고생하고 이제 돌아온 나를 박대하다니' 할 문제가 아니라 미리 마음의 준비를 해야 하는 부분이다.

다섯째, 관점이 '남'에서 '나'로 바뀐다. 사실은 이것이야말로 인식의 변화라는 점에서 패러다임의 속성에 가장 적합하면서 또 은퇴자에게 새로운 길을 제시해줄 수 있는 중요한 변화이다. 웬만한 강심장 아니면 직장생활을 '나' 기준으로 하기는 힘들다. 직장에서는 상사의 눈길, 부하직원의 기대, 고객의 요청 등이 생활의 기준이 되고 또 나는 인정받고 성공하기 위해서 기꺼이 그 관점을 따르니 이것은 불가피한 선택이다. 한 달에 한 번 정도는 회식도 하고 매년 1박 2일 정도는 단합대회 겸 합숙 훈련도 가고 때로는 좋아하지도 않는 등산을 '우리부서'라는 명목으로 함께 가기도 한다.

그러나 이제 남의 눈치 볼 일은 없어졌다. 당분간 의무적으로 가야 할 곳도 없고 짜인 일정도 없다. 나대로 기준을 세워 이행하며 자유를 만끽하는 새로운 세계가 펼쳐지는 것이다. 한없이 좋은 것이긴 하지만 한편 아무런 지시나 구속이 없는 것이 오히려 더 이상할 수도 있다. 이때 잘못하면 지난날이 그리워 성급하게 다른 할 일을 찾다가 이상한 데로 빠지는 우를 범할 수도 있고, 또는 고독을 못 견디어 서둘러 사무실파가 되어 평생 함몰된 은퇴의 시간을 보낼 수도 있다. 이 '남'에서 '나'로의 패러다임의 변화는 자신의 정체성을 찾아 진정한 자신의 길을 가면서 만족감과 행복감에 도달할 수 있는 엄청난 기회라는 점에서 매우 중요하다. 은퇴 초기에 고요하게 시간을 보내면서 자기 삶의 목표를 제대로 찾을 수 있을 때 은퇴생활이 성공할 확률이 커짐은 물론이다.

지금까지 은퇴로 바뀌는 소득, 관계, 시간, 영역과 관점에 대하여 정리해 보았는데 이것은 바뀌는 패러다임의 일부에 불과하지 전부는 아니며 다른 분야가 더 있고 또 개인에 따라 다르기도 하다. 우리는 자신의 은퇴, 자신만의 패러다임의 변화에 대해 항상 생각해보아야 하며 이러한 습관이 은퇴준비의 시작이다.

4. 최고의 은퇴설계는 일하는 습관을 만드는 것이다

욕심만 가지고는 아무것도 할 수 없다. 그 원대한 욕심에 걸맞은 열정과 피나는 노력 그리고 땀이 뒷받침 되어야 한다. 세상을 살아가는 이치도 이와 같지 않을까? 은퇴 시장에 뛰어드는 여러분들의 모습은 어떠한지, 그리고 지금은 어찌하고 있는지, 스스로를 돌아봐야 한다.

과연 나는 은퇴시장에서 돈을 벌 자격이 있을까? 지금 나는 은퇴 시장에서 얼마만큼의 땀을 흘리고 노력을 하고 있는가? 스스로에게 이런 자문을 해 본다면 '나는 이만큼 노력을 했으니 충분히 돈을 벌 자격이 있다'라는 대답을 할 사람이 몇 사람이나 있을까? 공부를 많이 하면 은퇴 시장에서 돈을 벌수 있을까? 머리가 좋으면 시장에서 사업으로 성공할 수 있을까? 대답은 이미 여러분들이 알고 있다. 더 이상 공부하지 말고 훈련하여 습관으로 만드는 것이 핵심이다.

퇴직 후 퇴직금과 모아 놓은 자금을 합쳐서 음식점을 차리거나 치킨집을 시작하려고 하는 창업예비자들의 모습은 은퇴 시장에 입문하는 여러분들의 모습과는 판이하게 다르다. 생각해 보라. 장사를 시작하려는 사람은 인테리어 비용, 권리금, 보증금, 관리비, 임대료 등 투자에 소요되는 비용과 묶이는 자금을 꼼꼼히 따져 본다. 심지어 인테리어 비용을 아끼고자 스스로 못질, 페인트칠까지 해가면서 악착같이 준비한다. 그리고 내가 창업하고자 하는 곳의 유동인구는 얼마인지, 아침부터 저녁까지 그 앞을 지키고 서 있는 노력을 아끼지 않는다. 누구나 알고 있는 창업자들의 모습이다.

장사가 시작 되면 새벽부터 밤 12시가 넘을 때까지 코피를 흘려가면서 장사에 매진한다. 왜? 나의 생계이고 곧 가족을 먹여 살려야 할 밥줄이니까, 온 힘과 정성을 다 바쳐서 최선을 다한다. 그러나 아쉽게도 이러한 피나는 노력과 투자에도 불구하고 3년이 지나면 자영업자의 90% 이상이 가게 문을 닫는다.

자, 은퇴 시장에서 사업을 시작하려는 여러분들의 자세는 어떠한가? 은퇴 사업이 내 가족의 생계를 이어 가는 유일한 수단이라고 생각하고 뛰어 드는가? 그만큼 절박하게 시장에 진입하는가? 그 시작부터 차이가 많이 날 수밖에 없다. 나의 생계를 이어가는 유일한 수단이라고 생각하면 준비가 철저해질 것이다. 인지상정 아니겠는가? 생계의 수단으로 생각하느냐 하지 않느냐의 차이가 벌써 투자의 승부를 결정짓는 하나의 큰 요소가 된다.

은퇴 컨설팅에는 별도의 비용이나 투자가 발생하지 않기 때문에 쉽게 뛰어 든다. 투자가 선행되고 매달 비용이 발생한다면 투자 행태 또한 확연히 달라지고 여러분들을 긴장하게 만들 것이다. 결국 시장의 구조와 욕심이 합해져서 은퇴 사업을 하려는 개인들을 무장 해제시킨다.

습관에 대한 사전적 의미는 '오랫동안 되풀이하여 행해져서 그렇게 하는 것이 규칙처럼 되어있는 일' 또는 '일상적으로 반복되는 행위이며 신체적 행동 외에 생각 등 정신적, 심리적 경향도 포함한다'이다. <성공하는 사람들의 7가지 습관>의 저자 스티븐 코비 박사는 습관에 대하여 이렇게 말했다. "우리는 습관을 지식, 기술 그리고 욕망의 혼합체로 정의하고자 한다." 지식이란 우리가 무엇을 해야 하고, 또 왜 해야 하는지에 대한 이론적 패러다임이다. 기술은 어떻게 해야 하는가, 즉 방법을 말한다. 욕망이란 하고 싶어 하는 것, 즉 동기를 말한다. 우리가 생활하면서 무엇인가를 습관화하기 위해서는 반드시 이상의 세 가지 모두를 가져야만 한다.

또한 변화에 대해서 <의식혁명>의 저자 메릴린퍼거슨은 다음과 같이 말했다. "아무도 다른 사람을 변화하도록 설득할 수는 없다. 우리는 누구나 단지 내면에서만 열 수 있는 변화의 문을 가지고 있다. 논쟁이나 감정적 호소에 의해서는 다른 사람이 가진 변화의 문을 열 수 없다."

우리가 습관에 관심을 기울이는 이유는 변화의 가능성 때문이다. '1만시간의 법칙'으로 유명한 말콤 그래드 웰은 그의 책 <아웃라이어>에서 신경과학자인 다니엘 래비틴의 연구를 인용하여 성공에는 1만 시간의 준비시간이 필요하다고 주장하였다. 은퇴를 준비하는 우리는 경험적으로 이것이 맞다고 알고 있다.

영국 런던대학의 릴리파 랠리교수팀의 연구 '사람들이 습관을 갖기까지의 과정'에서 사람들이 어떤 행동에 대한 습관이 생기기 시작하는 시간이 평균 21일 정도이며, 평균 66일이 지나면 그 행동을 하지 않으면 오히려 불편함을 느꼈다고 한다. 이 실험 결과의 시사점은 보통사람들도 과정을 견디면 무엇이든 할 수 있다는 것이다.

습관이 은퇴자에게 왜 중요할까? 은퇴생활은 전적으로 자신의 것이기 때문이다. 은퇴의 목적이라고 할 수 있는 비재무의 핵심이 정체성인데, 정체성 실현은 앞서 보았듯이 좋아하는 것 찾기, 목표 세우기, 세부실천계획과 일과표 작성 등 일련의 과정을 거치고도 만만치 않은 실행이 뒤따라야 가시화할 수 있다. 아무리 좋은 계획도 실행이 뒤따르지 않으면 무용지물이며, 좋은 계획을 세우는 것이 은퇴설계의 시작이라면, 계획을 실천에 옮기는 뛰어난 실행력은 멋진 은퇴생활을 담보할 수 있는 힘이다.

은퇴자에게 은퇴기간은 다시없는 기회다. 이 기회를 살려야 한다는 절실함으로 버텨야 한다. 그러다 보면 어느 순간 스티븐 코비와 퍼거슨의 생각처럼 자기 내면에서 변화의 문이 열리는 것을 경험하게 될 것이다. 그런 절실함과 버티기가 없으면 잘못된 습관을 고치기 어렵다.

5. 은퇴설계 프로세스

1) EPA 과정

추락하는 비행기에서 나는 낙하산을 가지고 있다. 이것을 누군가 억만금을 준다고 하면 과연 팔 수 있을까? 그럴 수는 없을 것이다. 낙하산은 자신의 생명을 지켜줄 수 있는 유일한 장비이다. 이러한 장비를 지금 추락하고 있는 비행기에서 거래한다는 것은 의미없는 일이다.

은퇴설계도 마찬가지이다. 지금 자신의 상황에서 준비해야 할 낙하산이 무엇인지 생각해봐야 한다. 은퇴설계 역시, 은퇴 이후에는 다시 되돌릴 수 없기 때문이다.

▶▶▶ **슬기로운 은퇴설계를 위한 EPA과정(은퇴설계 프로그램)**

E: 개인자산 평가   P: 은퇴설계 준비   A: 준비계획 및 실행

2) 100세 시대의 은퇴 체크리스트

(1) 평생 현역 체크리스트

번호	평생 현역 체크 사항	YES	NO
1	퇴직 후 제 2의 일을 하기 위한 준비를 하고 있습니까?		
2	은퇴 후 일 또는 사회봉사 활동에 대한 계획이 있습니까?		
3	은퇴 후 일에 대해서 배우자, 가족들과 대화하고 있습니까?		
4	자신의 취미와 경험을 살려 일을 하려고 하십니까?		
5	일자리에 대한 정보를 얻을 수 있는 멘토가 있습니까?		
6	퇴직 전 수입의 30% 급여를 받더라도 일을 하겠습니까?		
7	새로운 일을 배우기 위해서 직업훈련을 받을 준비가 되어 있습니까?		
8	자신의 경력 및 경험 관리는 잘하고 있습니까?		
9	본인이 하고 싶은 일이 무엇인지 찾고 있습니까?		
10	자신의 체력, 경험, 지식은 시장가치가 있습니까?		
	합계		

정직한 은퇴설계

(2) 건강관리 체크리스트

번호	건강관리 체크 사항	YES	NO
1	동년배의 다른 사람에 비해서 건강상태가 좋다고 생각합니까?		
2	정기적으로 건강검진을 받고 있고, 앞으로도 받을 예정입니까?		
3	6개월 이상 규칙적으로 체조나 운동을 하셨나요?		
4	스트레스를 잘 관리하고 있습니까?		
5	조부모, 부모로부터 내려오는 가족력은 없습니까?		
6	곡류, 두유, 과일, 채소, 생선, 육류 등 다양한 식품을 골고루 섭취하나요?		
7	최근 6개월간 자신의 체격에 맞는 체중을 유지하려는 노력을 했나요?		
8	하루에 취하는 수면이 피로회복에 충분하다고 생각합니까?		
9	종교 활동 등을 통해 영적 건강도 유지하고 있습니까?		
10	원할 때 휴식을 할 수 있습니까?		
	합계		

(3) 자산관리 체크리스트

번호	자산관리 체크 사항	YES	NO
1	본인과 배우자가 100세까지 생존할 것을 감안한 노후 계획을 수립하였습니까?		
2	국민연금과 퇴직연금, 개인연금의 합계가 본인이 예상한 노후 생활비의 70% 이상이 됩니까?		
3	민간 건강보험을 준비했습니까?		
4	자녀 결혼 자금, 사업 자금 등 자녀 리스크에 잘 대비하고 있습니까?		
5	퇴직 후 월 지출을 50%까지 줄일 수 있습니까?		
6	자산 구조가 부동산에 70% 이상 집중되어 있지 않습니까?		
7	인플레이션에 대비한 투자에 대한 기본 지식이 있습니까?		
8	대출 등 부채정리는 순조롭게 진행되고 있습니까?		
9	은퇴에 대비해서 수입의 30% 이상을 저축하고 있습니까?		
10	계획에 의거하여 소비와 지출을 하고 있습니까?		
	합계		

(4) 공동체 생활(관계) 체크리스트

번호	공동체 생활(관계) 체크 사항	YES	NO
1	배우자와 충분히 대화하고 계십니까?		
2	자녀들과 대화를 충분히 하고 계십니까?		
3	귀하께서 갑자기 도움을 요청하면 본인 혹은 배우자의 형제 자매가 기꺼이 도와줍니까?		
4	배우자와 자주 동반 외출을 합니까?		
5	마음을 털어놓을 수 있는 친구나 이웃이 있습니까?		
6	정기적으로 연락하고 만나는 친한 친구가 3명 이상 있습니까?		
7	이웃 사람과도 인사를 하고, 좋은 관계를 유지하고 있습니까?		
8	SNS를 통해서 커뮤니티를 하고 있습니까?		
9	1년에 1회 이상 자발적으로 참석하는 모임이 3개 이상 있습니까?		
10	본인이나 배우자의 형제, 자매와 자주 연락을 하고 만납니까?		
	합계		

(5) 해피 라이프(여가) 체크리스트

번호	해피 라이프(여가) 체크 사항	YES	NO
1	노후에 할 취미나 여가 생활에 대해서 생각해 본 적이 있습니까?		
2	노후를 고려하여 취미·여가 생활을 시작해 본 적이 있습니까?		
3	현재 하고 있는 취미·여가 생활이 노후에도 지속될 수 있습니까?		
4	취미나 여가 생활을 할 경우 열정을 갖고 꾸준히 지속하는 경향이 있습니까?		
5	취미나 여가 생활을 향후 직업이나 소득으로 연결시킬 세부계획이 있습니까?		
6	현재 5개 이상의 취미·여가 생활을 즐기고 있습니까?		
7	배우자와 함께 취미나 여가 생활을 즐기고 있습니까?		
8	현재 취미·여가와 관련된 커뮤니티가 있습니까?		
9	국내 또는 해외여행을 하였는지 또는 구체적인 계획이 있습니까?		
10	현재 취미·여가 생활과 관련하여 배우는 것이 있습니까?		
	합계		

(6) 자신의 현재 상태 및 차후 계획 수립

영역	평생 현역	건강	자산	공동체 생활 (관계)	해피 라이프 (여가)
현재 YES 합계					
미래 YES 합계					

(7) 나의 은퇴 상태 점검

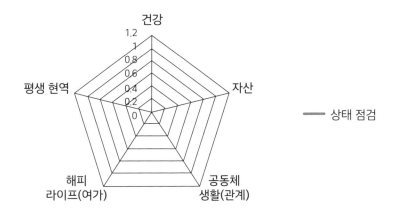

(8) 나의 은퇴 목표 세우기

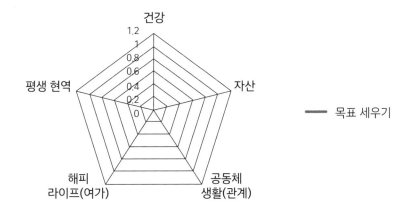

(9) 영역별 버릴 것, 해야 할 것

영역	버릴 것 세 가지	해야 할 것 세 가지
평생현역	1. 2. 3.	1. 2. 3.
건강	1. 2. 3.	1. 2. 3.
자산	1. 2. 3.	1. 2. 3.
공동체 생활 (관계)	1. 2. 3.	1. 2. 3.
해피 라이프 (여가)	1. 2. 3.	1. 2. 3.

(10) 나의 10년 후 미래

현역	현재	10년 후	10년 후 모습을 만들기 위해 준비할 것들
평생 현역			
건강			
자산			

(11) 은퇴 설계 전략

▶▶▶ **은퇴하기 전에 생각해야 할 5W**

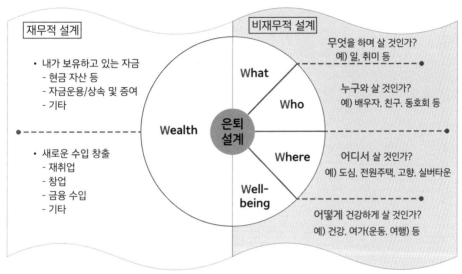

출처 : 신한카드블로그

III

은퇴 후 일자리 찾기 준비 및 활용 사례

간이역

김수진

가던 길 멈춰서는 건 용기가 필요하다
브레이크를 밟는 힘은 넘치는 욕심을 거둬내는 일이다
남들보다 더 속도 내고 싶은 과욕이
삶의 즐거움과 여유의 공간을 빼앗기고

대나무가 마디를 접고 한 단계 올라가듯
인생의 마디를 접고 다음으로 가는 길목에서
쉼 없이 달리는 시간은 혹여 구멍 났을지 모를 독에
욕심을 가득 채우고 가는 길이다

자연의 순리를 거스르며 멈추라는 신호
외면한 채 달리다 보면
회오리에 깊숙이 빠져들어
조각 난 어둠의 미래가 있다

미숙한 우리의 마음은 언제나
영혼보다 앞서서 서두르고 있다
숨 가쁘게 오느라 미처 따라오지 못한 영혼
뒤돌아보고 기다려야 할 간이역

은퇴 후 일자리 찾기 준비 및 활용 사례

1. 은퇴 후 일자리 찾기 준비

1) 노후 나의 일 개발하기(자존감과 자기소개)

(1) 노후의 일 세 가지 방법

많은 사람들이 자신의 노후에 대해서 걱정하고 고민한다. 독자 여러분도 그렇게 고민할 것이다. 많은 이들이 그냥 노후에 얼마를 갖고 있으면 행복할까만을 고민하지, 노후를 어떻게 계획할까를 생각하지는 않는다. 여기서는 평생 자기가 하고 싶은 일을 하면서 자신의 노후를 일을 하면서 즐겁고 행복하게 찾아보는 **방법 세 가지**(새로운 분야의 일을 찾아보자, 일에 대한 마음가짐을 준비하자, 행복하려고 일을 하자)를 말해 보도록 하겠다.

(2) 새로운 분야의 일을 찾아보자

첫 번째는 평생 자신이 해왔던 일이나 업종이 아닌 방법으로 변환하는 것이다. 지금까지는 하던 일을 하면서 그것이 본인의 경력이라고 생각했을 것이다. 그래서 그 일을 또 해보고 싶을 거다. 그러나 그건 불가능하다. 세상이 바뀌었기 때문에 그렇다. 이것을 받아들여야 한다. 그러면 앞으로 어떤 새로운 일을 해야 되나를 고민하게 된다. 지금까지 내가 특정 일을 수십년 해왔다는 것은 자기 자신만의 특징을 가지고 있다는 것이다. 그렇기에 어떤 새로운 일을 해도 지금까지 해온 과정에서 얻었던 자신의 방법이 있을 것이다. 여러분은 그 방법을 스스로 찾아서 그 방법으로 새로운 일을 가슴 뛰며 할 준비를 해야 한다. 가령 자기 스스로에게 물어보자. 지금까지 나는 일을 어떻게 해왔는가? 그 답으로 '나는 정말 일을 열정적으로 해왔다'라고 한다면 방법은 '열정'이다. 열정적으로 일을 할 생각을 해야한다. 또 일을 '정직'하게 했던 사람도 있을 것이다. 아마 그는 일을 정직하게 하면서 주변 사람들한테 많은 잔소리를 들었을 것이다. '너는 사회성이 부족하다', '너는 정직하기만 하다', '센스가 없다' 등의 이야기를. 그런데 그것은 자기만의 방법이다. 자기가 정직하게 일을 해왔다면 일을 정직하게 하는 것이 옳다. 그러면 지금부터 어떤 일을 하든지 '나만의 방법은 정직'이라는 것이다. 지금까지 해왔던 일들을 가만히 한번 생각해 보자. 그동안 일을 하면서 가장 나답게 일을 한 적은 언제인가? 가장 나답게 일을 하며 가장 행복했던 적은 또 언제인가? 그 일을 어떻게 할 때 행복했는가? 그 방법을 찾아내는 것이 첫 번째 방법이다. 절대로 과거에 했던 일을 다시 반복하려고 노력하지 말고, 새로운 일에 적응하면서 나만의 방법을 새롭게 만드는 것이 첫 번째이다.

(3) 일에 대한 마음가짐을 준비하자

두 번째는 무엇일까? 그 일을 하는 기술도 중요하지만, 그 일을 어떤 마음가짐으로 하느냐도 대단히 중요하다. 사실 지금 일자리는 참 많다. 그러나 그 일자리가 과거와 같은 일자리는 아니다. 요구하는 조건이나 기술이 필요하다. 그러므로 그 일을 하려면 어떤 마음가짐을 갖고 스스로 준비하는 것이 매우 중요하며, 이때 필요한 것이 독립적 사고이다. 그러면 독립적 사고가 무엇일까? 나만의 방법, 나만의 길에는 다른 사람들이 갖고 있는 편견이 많다. 특히 우리나라는 심하다. 사람들이 갖고 있는 직업에 대한 편견이 있다. 우리가 평생 할 내 일을 찾으려면 다른 사람이 갖고 있는 업에 대한 편견으로부터 자유로워져야 한다. 어떤 일을 할 때 첫 번째에서 말했던 나만의 방법대로 시작하되, 두 번째로는 독립적인 사고로 시작해야 된다. 여러분은 무엇으로부터 독립하길 원하는가? 지금 이 책을 보는 독자의 연령층이라면 아마 본인들은 모두 다 독립했다고 생각할 것이다. 과연 그럴까? 질문해보겠다. 첫 번째, 돈으로부터 독립했나? 그런데 돈으로부터 독립하려면 돈이 얼마나 있어야 하지? 10억 혹은 20억은 있어야 되지 않을까? 이처럼 아주 많은 고민을 하게 된다. 그런데 꼭 그렇지는 않다. 돈을 적게 벌어도 행복하게 살 수 있다면 돈으로부터 독립한 거다. 돈이 아무리 많아도 내가 쓰는 지출을 관리하지 못한다면 돈으로부터 독립하지 못한 것이다.

두 번째는 뭐로부터 독립해야 할까? 일로부터 독립해야 한다. 어떤 일을 하든지 누가 평생 보장해주는 일은 없다. 그렇지만 내가 평생 행복하게 할 일은 찾을 수는 있다. 문제는 내가 어떤 방법으로 그 일을 찾고 어떻게 평생 행복하게 그 일을 하느냐이다. 그러니 일로부터 독립한다는 건 다른 사람들이 갖고 있는 일에 대한 편견으로부터 자유로워야 한다는 것이다. 내가 하는 일이 바뀔지라도 내가 하는 일에 대한 자존감이 높아져야 된다는 것이다. 자존감이 높으면 자존심이 낮다. 하지만 자존감이 낮으면 자존심이 높다. 어떤 일을 하면서 다른 사람이 보는 편견으로 나의 자존심을 평가한다면 아마 그 일을 행복하게 하기는 어려울 것이다. 그래서 스스로 자존감을 높일 필요가 있다.

세 번째는 뭐로부터 독립해야 할까? 그것은 인간관계이다. 사실 어떤 일도 혼자 할 수 있는 일은 없다. 사업을 해도 마찬가지이다. 모두 함께 협업하고 소통하고 공감을 해야 한다. 그런데 사람으로부터 독립하지 못하면 어떤 일이 벌어질까? 저 사람이 나를 보는 편견, 저 사람이 보는 내 프레임으로부터 자유롭지 못하다. 늘 옛날 사람으로부터 끌려 다니게 될 것이다. 옛날에 알고 있던 사람들의 전화를 받고 그 문제를 고민하느라 내 시간을 지키지 못 할 것이다. 그러면 행복할 수가 없다.

돈, 일, 인간관계의 세 가지에 대한 독립적 사고로부터 시작해야, 자신이 평생 할 수 있는 일을 찾을 수 있다.

(4) 행복하려고 일을 하자

세 번째이다. 여러분은 왜 일을 하는가? 평생 나만의 일을 찾는다는 것은 결국 평생 일하겠다는 것이다. 지금 나이가 50대이든, 60대이든 앞으로 2~30년은 계속 일을 할 것이다. 그러면 뭘 위해서 일을 할까? 지금처럼 먹고 사는걸 위해서 일을 하지는 않을 것이다. 지금부터는 행복하려고 일을 해야 하며 행복하려고 살아야 된다. 그럼 행복하게 일하기 위해서는 우리가 어떻게 일해야 할까?

전 세계에서 행복 지수가 가장 높은 나라는 어떤 나라인가? UN에서 10여 년 동안 1위를 차지했던 행복한 국가가 있다. 덴마크이다. 덴마크나 노르웨이나 핀란드같은 나라는 행복 지수가 높다. 이유는 행복하게 살려고 일하기 때문이다. 여러분도 당연히 행복하려고 일을 해야 된다. 그래야 내가 평생 일하는 시간의 양을 행복이라는 것으로 채울 수 있다. 이제는 행복하게 일하는 방법을 찾을 때이다. 다음은 기사에서 본 내용이다. 현재 덴마크에 교환 교수로 가 있는 한국 교수가 몇 달 전에 덴마크에서 아침에 등교하는 학생을 붙잡아 놓고 물어보았다. "너 왜 학교를 가니?" 그들의 대답은 한결같이 '행복하려고'였다. 그래서 다시 물어보았다. "학교 가서 행복하려면 어떻게 해야 되니?" 그런데 이 아이들이 뭐라고 얘기했는지 아는가? "내 친구가 행복해야 제가 행복합니다. 저 지금 제 친구 행복하게 해주려고 학교 갑니다"이다. 여러분들이 일하는 이유도 함께 일하는 사람 행복하게 만들고, 그 일을 통해서 보답을 받는 고객의 행복이기를 바란다. 그러면 여러분들 역시 당연히 행복해질 수밖에 없다. 내가 하는 일에 의미와 가치를 부여해서, 내가 하는 일을 통해 누군가에게 행복을 전달해 주려고 노력해야 평생 그 일을 할 수 있다. 억울한 마음으로는 평생 일할 수 없다.

사실 평생 자신의 일을 찾는 가장 좋은 방법은 나만의 방법, 독립적 사고, 행복하게 일하는 나만의 방법을 가지고 자기소개를 멋지게 하는 것이다. 아마 자기소개를 할 일이 많을 것이다. 여러분들이 어떻게 일하는 것이 가장 행복한지, 나는 어떤 사람인지, 나는 무엇으로부터 독립해 있는지를 소개해 보기 바란다. 자기소개를 간략하고 자신감·자존감 있게 할 때, 여러분들에게 평생 일할 수 있는 기회가 주어질 수 있다. 평생 자신의 일을 찾아보는 방법에 공감했다면, 이제 주변에서 아주 작은 것부터 찾아보자. 내가 도울 사람은 없는지, 내가 그 일을 하는 과정에 얼마나 행복해 할 수 있는지를 찾아본다면 아마 여러분들의 나머지의 인생 속에서 평생 동안 자신의 일을 하며 행복하게 살 수 있을 것이다.

2) 중·장년 노동시간의 이해(성과와 시간경영)

(1) 돈을 버는 방법 두 가지

많은 사람들이 돈을 버는 방법을 단순하게 그냥 출퇴근하면, 월말이 되면 받는 것으로 생각한다. 지금까지 그렇게 살았다면 앞으로는 아마 행복하지 못할 것이다. 왜냐하면 시간당 단가가 낮아지기 때문이다. 이건 현실이다. 중·장년층 대부분이 어떻게 일을 해야 되며 시간을 통해서 어떤 가치를 어떻게 만들어 내는 것이 좋은 지를 함께 고민 해보자.

돈을 버는 방법은 두 가지이다. 시간당 벌거나 결과당 버는 것이다. 시간당이란 시간당 페이를 말하는데, 아마 최저시급이 생각날 것이다. 최저시급은 법적으로 보장된 가장 낮은 수준의 시급이다. 더 많이 받을 수도 있다. 또 하나는 결과당이다. 내가 영업을 해서 성과를 올리든지 하여 돈을 벌 수 있다. 부동산으로 돈을 버는 건 시간당이 아니다. 공인중개사가 아파트 모델하우스에 맨날 간다고 해서 누가 돈 주는 게 아니다. 아파트 거래를 할 때만이 돈을 받을 수 있다. 안정하지 못하니 사람들이 그런 일을 잘 안 하려고 한다. 돈 되는 일인데 왜 안할까? 이것은 시간에 대한 가치를 잘못 이해하고 있기 때문이다.

(2) 카이로스와 크로노스

중·장년 노동시간에 이해에 대한 세 가지를 얘기해 보자.

먼저 카이로스와 크로노스의 개념이다. 카이로스는 사건 중심의 개념이고 크로노스는 우리가 사는 일상을 말한다. 이렇게 시간은 두 가지 개념이 있다. 지금 도서관에서 책을 보고 있는 시간은 크로노스가 아니다. 카이로스이다. 이 시간만큼은 다른 것을 못하기 때문이다. 혹시 다른 것을 하면서 책을 본다면 일상일 수도 있지만 도서관에서 은퇴관련 책을 읽고 있다면 이 시간은 카이로스이다. 또 하나, 카이로스는 내일 다시 오지 않는다. 내일 다시 이 책을 읽는다고 해도 오늘의 그 책은 아니다. 카이로스는 한번 지나가면 오지 않는다. 그래서 절대시간이라고도 한다. 크로노스는 일상이다. 오늘도 오고 내일도 오고 계속 온다. 매일 같이 온다. 그러므로 크로노스로 사는 사람들은 내일에 대한 기대가 그렇게 크지 않다. 이번 달에 했던 일 다음 달에 또 하면 되지! 아니면 그 다음 달에 또 하면 되고! 단지 낭비만 안하고 살고자 한다. 그러나 카이로스의 삶은 그렇지 않다. 누군가가 여러분들에게 어떤 제안을 할 때 손 들어야 하고 스스로 결정해야 한다. 약간 리스크를 안게 되는데 그 것이 카이로스이다. 돈은 둘 다를 행할 때 벌 수 있다. 카이로스를 설정하지 않고 크로노스만 갖고는 변화된 삶을 만들어 낼 수가 없다. 시간에 대한 이해를 하고 돈을 버는 가장 낮은 수준의 방법은 앞에서 얘기한 시간당 버는 것으로, 시간과 품을 파는 것이다. 그런데 이것은 시간당 시급정도 받는 것밖에 안 된다.

그 다음은 지식으로 버는 것이다. 지식으로 번다는 것은 시간과 품을 팔아서 돈을 벌어도 나만의 노하우를 얹어서 팔면 그렇지 않은 사람에 비해서 많은 차이를 만들 수 있다. 그냥 시간만 판 사람은 노하우를 얹지 못한다. 똑같이 그 시간과 품을 팔면서도 '내가 그 안에서 어떡하면 더 큰 성과를 만들어 낼 수 있을까?', '어떡하면 내가 조금 더 매출을 늘릴 수 있을까?'라고 머리로 생각하고 공부하고 고민하는 사람은 노하우를 만들어 낸다. 그게 지식이다. 금액도 다르다. 그러므로 여러분들이 지금까지 20~30년 동안에 얻었던 경력을 한 덩어리로 보지 말고 쪼개서 보면 나만의 노하우를 찾기가 좀 더 쉬울 것이다. 내가 가진 어떤 노하우를 찾았을 때는 노트북이나 핸드폰에 빨리 기록하는 것이 1단계이다. 만약에 그 기록한 것으로 누군가에게 알려줄 수 있으면 노하우를 가르쳐 주는 것이다. 이게 2단계이다. 다음 3단계는 인격으로 일하는 것이다. 인격으로 일한다는 건 사람들과 관계를 통해 나만의 방법을 가지고 다른 사람들이 나를 찾아 올 수 있도록 만드는 것이다. 그 노하우가 만들어 지는 첫 번째가 바로 카이로스와 크로노스의 시간 노하우를 가지고 시간 관리를 하는 것이다.

(3) 노하우로 일하라

두 번째는 나만의 노하우를 발견해 내는 것이다. 여러분의 20~30년의 시간을 그냥 부질없는 시간으로 밀어 넣지 말자. 그 20~30년의 시간을 쪼개고 쪼개서 결정적으로 내가 원하는 노하우를 발견해 낼 수 있었던 시간들을 발견하자. 그 시간들의 노하우를 끄집어내서 누구한테 줄 수 있도록 발견해 내자. 그리고 서비스를 하자. 너무 큰 노하우를 가지고 누구에게 전달하려고 하면 요즘에는 꼰대(라떼) 소리를 듣는다. "나 때는 말야" 이렇게 얘기하면 안 통한다. 그가 정말 원하는 만큼 그가 정말 들을 수 있는 만큼 젊은 사람들의 언어에 맞게 쪼개야 된다. 내가 갖고 있는 시간에 대한 이해를 노하우로 받아들이지 않으면 안 된다.

(4) 시간의 가치를 높이는 법

세 번째, 가장 중요한 것은 시간의 가치를 높이는 법이다. 똑같은 시간인데, 여러분들은 그 시간의 가치를 어떻게 높이고 있는가? 사람들은 말한다. 시간의 가치? 아! 그 시급? 그 점주가 나한테 알바비를 얼마 주는 것에 따라 가치가 결정되는 거 아닌가? 라고 하지만 그렇지 않다. 그것은 가격이다. 그럼 가격이란 게 뭔가? 그 점주가 내게 주는 페이, 그것은 가격이다. 내가 제공한 것이 노동의 원가이지만 가치는 그 가격보다 훨씬 더 높은 데 있어야 된다. 그럼 내가 그 가치를 어떻게 높여야 할까? 예를 한번 들어보겠다. 시간에 관련된 돈 얘기이다. 1년에 2억 정도 버는 것을 목표로 하자. 1년에 2억 버는 거 쉽지 않다. 이걸 쪼개 보자. 첫 째로 열두 달로 쪼개고 편의상 10으로 나누겠다. 그럼 월 2,000만 원 벌면 된다. 그러면 2억이 2,000만 원으로 줄었다. 한 달에 2,000만 원 버는 일, 이거 만만치 않다. 이것을 4로 나누자. 그러면 일주일에 500만 원이면 해결된다. 토요일, 일요일 빼면 하루에 100만 원씩 벌면 된다. 하루에 100만 원을 버는 일을 하면 된다. 그것도 쉽지 않다. 그럼 더 쪼개보자. 하루에 우리가 쓸 수 있는 시간이 몇 시간이라고 생각하는가? 24시간은 불가능하다. 쉬어야하고 화장실도 가야하고 식사도 해야 해서 못한다. 하루에 우리가 쓸 수 있는 시간은 불과 9시간에 불과하다. 오전 3시간, 오후 3시간, 저녁 3시간. 우리 하루에 얼마 벌기로 했는가? 100만원이다. 그럼 오전 3시간 얼마인가? 30만원이다. 시간당 10만원이다. 30분에 5만원이다. 30분의 5만원이라는 신사임당 한 장이다. 이 얘기는 뭘까? 만약 30분의 시간이 남는다면 뭘 하겠는가? 30분의 시간 동안에 5만 원의 가치를 만들어 낼 만한 일을 찾는 것이, 그게 여러분들의 시간의 가치를 높이는 것이다. 많은 사람의 시간의 가치를 회사가 정한다. 그것은 크로노스로 일상에 지나지 않는다. 평생 우리는 직장생활을 30년이나 했는데 막상 자신의 시간의 가치를 높이는 것을 놓치고 있기 때문에 그렇다. 지금까지 여러분들에게 중요했던 시간은 아마 출근 시간이었을 것이다. 재직 중인 사람이라면 지금 이 시간부터 출근시간을 중요하게 여기지 말고 퇴근시간을 중요하게 여기길 바란다. 많은 이들이 퇴직 후가 막막하다고 호소한다. 나는 그에게 묻고 싶다. 퇴근 후에 뭐하는지, 퇴근 후의 시간에 가치를 높이기 위해서 지금 어떤 노력을 해야 되는지. 퇴직 후에 여러분들이 갖고 있는 노동의 시간을 얼마나 행복하고 얼마나 가치 있게 만드느냐가 관건이다.

(5) 노동과 가치

앞서 노동시간에 대한 세 가지 개념을 말했다. 첫 번째 카이로스와 크로노스. 일단 사건을 좀 벌이고 먼저 손을 들고 일을 시작하자. 두 번째 지금까지 겪어 왔던 20~30년에 경험에서 노하우를 뽑아내자. 노하우를 친절하게 정리해서 그 노하우가 필요한 친구들에게 서비스 하자. 돈 안 받고 서비스해도 된다. 밥 주면서 서비스해도 상관없다. 그러면 가치가 만들어 진다. 세 번째 지금부터 내게 주어진 시간을 허비하지 말자. 그 시간의 가치를 높이기 위해 무엇을 선택할지 결정하자. 그리고 준비 하자. 그럼 아마 여러분의 시간의 가치는 높아지고 나머지의 후반부의 인생은 행복할 수밖에 없다.

3) 함께 일하고 싶은 비즈니스 대화법(소통과 공감)

(1) 공감

요즘은 어떤 일을 할 때, 그 사람 일을 잘해? 못해? 물어보는 질문보다 그 사람 어때? 라고 물어보는 질문이 더 많다. 왜 그럴까? 일을 함께 하고 싶어져야 한다는 것이다. 그것이 그 사람이 갖고 있는 과거의 경력보다 더 중요해졌다는 것이다. 아마 경험하신 분들은 충분히 인정을 할 것이다. 이 책의 독자들은 누구와 함께 편하게 일하는 것이 중요하지 않은 시기에 일을 했던 게 대부분일 것이다. 이때는 그냥 기술로 일을 했을 것이다. 나도 그랬다. 했던 일을 하루 종일 똑같이 한 달 동안 했고, 그러다 보니 급여 나오고, 승진하고, 퇴직했다. 그런데 지금은 그 일을 누구와 어떻게 하느냐가 대단히 중요해졌다. 아까 얘기했던 질문 '그 사람 일 잘한대? 못한대?'보다 더 중요한건 '그 사람 어떻대?', '우리와 함께 잘 맞출 수 있대?', '우리에게 잘 공감할 수 있대?', '잘 적응할 수 있대?'이다. 그런데 이것이 잘 안 되면, 그 사람과 일하고 싶지 않다는 감정이, 그 사람이 갖고 있는 기술보다 더 중요한 비중을 갖게 된다.

(2) 함께 일하고 싶은 사람

그럼 어떻게 하면 함께 일하고 싶은 사람이 될까. 이것의 첫 번째는 말이고, 두 번째는 생각이고, 세 번째는 행동이다. 본격적으로 얘기하기 전에 한 가지만 얘기하고 가자. 사람은 타고난 게 있다. 나이가 있어도 다 타고난 게 있다. 나는 누구를 닮았는가? 아마 부모님 중에 한 분은 닮았을 것이다. 아니면 공평하게 절반씩 닮았을 것이다. 그것을 우리는 성격이라고 한다. 성격은 타고난 것이다. 그래서 우리는 성격대로 사는 걸 좋아한다. 대부분 내가 갖고 있는 성격과 기술이 동일할 때, 그 일을 잘한다. 근데 그 기술이 내 성격과 맞지 않으면 아주 불편해진다. 그래서 성격에서 끝나면 안 된다. 특히 은퇴를 준비하는 50~60대는 이제는 성격에서 인격으로 가야 한다. 그래야 함께 일하는 사람들이 편해지고, 행복해지고 함께 일하고 싶어지는 욕구를 불러일으킨다. 어떤 사람을 생각해 보자. '내가 그 사람들과 함께 있는 게 좀 편해' 또는 '그 사람과 일하는 게 불편해' 이런 감정이 있을 것이다. 함께 있는 게 편하다고 느껴지는 사람들은 왜 편할까? 그 사람이 맞춰주고 있기 때문에 편한 것이다. 세상에 우연은 없다. 이혼 사유 중에 1위가 무엇일까? 배우자와의 성격차이다. 애초에 다른 성격으로 만났는데, 성격차이로 이혼이 가장 높다는 것도 되게 아이러니 하다. 회사를 다니다가 그만두는 가장 큰 이유? 직속 상사와의 성격차이다. 그러므로 성격을 이기는 건 성격을 버리는 것이 아니라 성격을 인격으로 만들기 위해서 무엇이 필요하며, 어떠한 노력을 하여야 하는가이다. 함께 일하고 싶은 사람들에게 나를 보여주는 대화법 세 가지를 소개하고자 한다. 완벽하게 인격을 바꿀 순 없지만 많은 변화를 이끌 수 있을 것이다.

(3) 강점과 가치로 간결하게 소개하라

첫 번째로 자신의 강점과 가치를 간결하게 소개하자. 나는 무엇을 잘하고 내게 중요한 것은 무엇인지. 어떻게 일하는 것이 내 강점인지. 또 가치를 올릴 수 있는지. 여러분들은 일하면서 뭐가 가장 중요하다고 생각하는가? 여러분은 어떤 사람과 일하는 게 가장 싫은가? 이걸 뒤집으면 자기 가치가 나온다. 예를 들어서 거짓말 하는 사람과 함께하는 것이 싫다면 그 사람의 가치는 정직이다. 일을 대충하는 것이 싫다. 그 사람의 가치는 열정이다. 다른 사람과 의리 없이 사람을 무시하는 사람이 싫다. 그 사람의 가치는 관계나 배려이다. 그러므로 나를 소개할 때 강점과 가치로 간결하게 소개 하는 게 중요하다.

(4) 질문, 경청, 공감의 연습

두 번째는 함께 일하고 싶은 비즈니스 대화법으로, 다른 사람에게 관심을 자꾸 주는 것이다. 다른 사람에게 관심을 주는 방법은 그 사람에게 질문을 하는 것이다. 만약에 여러분들이 어디가서 일을 하는데 함께 일할 사람이 나보다 나이가 어리지만 그 일을 먼저하고 있다면, 그 사람과 관계가 좋게 하는 방법 중 하나는 가서 먼저 질문을 하는 것이다. 어떻게 일을 하게 되었는지, 일을 잘하려면 어떤 노력을 해야 되는지 물어보자. 아마 처음에는 그 친구가 당황하면서 설명할 것이다. 설명을 고개를 끄덕이면서 잘 들어주자. 나이가 들면 고개를 잘 끄덕이지 않는다. 그러면 질문해도 소용이 없다. 그 다음에는 상대방이 말하는 것을 따라 하는 것이다. "아, 그럼 이 일을 잘하려면 이렇게 해서 이렇게 해야 되는 거군". 여러분이 이렇게 대화를 자주 나누면 상대방에게 마음을 얻는다. '이분이 이 일에 대한 기술은 별로 없지만 이분과 함께 일하고 싶어'라는 생각을 갖게 만든다. 여기서 중요한 건 진정성 같은 것이 아니다. 이것은 연습하면 된다. 누가 얘기하면 듣고 고개를 끄덕이자. 사실 고개를 끄덕인다는 건 저 사람의 말을 내가 수긍한다는 것이고 이것이 반복되면 상대방의 마음을 얻는다. 프랑스에 르노라는 자동차 회사가 있다. 그 회사에 카를로스 곤이라는 CEO가 일본에 닛산이라는 회사를 M&A 할 때 문제가 많았다. 그 회사의 노조는 강성이다. 그런데 이 프랑스 르노의 카를로스 곤이 가서 한 게 무엇이었을까? 3개월 동안 하루에 6명 정도의 중간관리자를 1대1로 만나서 공감하고 경청한 것이다. 질문은 가끔 하나씩만 했다. 이 회사의 문제가 무엇인가 등. 그리고 고개를 끄덕여 준 것 하나로 닛산에 있던 그 많은 노동자들의 마음을 얻었다. 놀라운 일이다. 그러므로 우리가 해야될 일은 함께 일할 이들의 마음을 얻는 것이다. 그들이 우리 함께 일해 보자라고 할 때부터 비즈니스를 고민해도 된다.

(5) 칭찬으로 아군을 만들자

세 번째, 제일 중요하다. 인격이냐 성격이냐의 가장 큰 차이는 그 사람이 얼마나 상대방이 갖고 있는 강점과 가치관을 인정하고 칭찬하고 감사하는가이다. 칭찬하여 아군을 만들라는 것이다. 얼마나 내 사람을 많이 갖고 있을까가 중요한 시대이다. 옛날에는 학연, 지연, 혈연이 중요했지만 지금 세대에는 이런 것들의 연결성이 많이 끊어졌다. 우리는 나를 잘 알아주는 사람과 함께 있게 되어 있고 그러면 그 사람과 함께 일하고 싶다는 것이다. 그럼 그 사람의 마음을 얻어야 되지 않겠는가. 칭찬을 하면 된다. 상대방을 가만히 보고 상대방이 하는 행동의 하나를 입으로 알아주는 것이다. 예를 들어서 누군가가 나에게 커피를 한 잔 갖다 주면, 커피를 갖다 준 것에 대한 칭찬을 하면 된다. 입으로 표현하면 된다. 만약에 정장을 입고 온 사람이 있다면 "넥타이가 잘 어울리십니다"라고 얘기하자. 이 얘기 한마디로 저 사람과 나와의 세대의 격차는 끊어지게 되어 있다. 세대격차는 끊어지고 새로운 아군들이 만들어진다.

(6) 경청

지금은 4차 산업혁명의 시대이고 인공지능의 시대이다. 그런데 우리가 인공지능에게 감정을 느끼기는 어렵다. 인공지능과 사랑이나 감성적 교류를 하려면 아마도 몇년은 걸릴 것이다. 문제는 우리가 인공지능으로부터 대체될 수도 있다는 것이다. 그럼 우리 일은 없어진다. 우리는 인공지능이 할 수 없는 일을 해야 된다. 각자 본인 안에 있는 강점과 가치로 간결하게 나를 소개하고 상대방의 강점과 가치를 인정하는 것이다. 이제 어딜 가서 앉으면 먼저 얘기하고, 먼저 질문하자. 어디 가세요? 어떻게 사셨어요? 뭘 잘하십니까? 어떻게 노력하면 좋을까요? 그리고 상대방이 어떤 얘기를 하더라도 고개를 끄덕이자. 그래야 빨리 끝난다. 그리고 공감하자. 그리고 세 번째는 어떡하든지 상대방의 마음을 얻어서 칭찬하는 것이 중요하다. 나이 드신 분들은 젊은 사람들에게 어떤 질문을 하면 좋을까? 함께 일하고 싶다면 그 젊은 친구에게 이런 얘길 해보자. 요즘 자네 마음이 어떤가? 그러면 아마 그 친구가 하는 얘기가 구구절절 많을 것이다. 경청하고 공감해 주자. 아마 그 사람은 여러분과 함께 일하고 싶을 수밖에 없을 것이다. 나머지 인생 함께 일하고 싶은 사람들과 행복하게 일하기를 바란다.

2. 수익형 부동산 은퇴설계

1) 수익형부동산과 은퇴설계

이제 베이비 붐 세대가 은퇴할 시기이다. 은퇴 후 자영업으로 쏠리기도 하지만 그 결과는 신통치 않다. 그렇다면 은퇴를 준비하는 데 가장 중요한 점은 무엇일까? 바로 부동산 은퇴설계이다. 한국인은 자산의 80%를 부동산으로 갖고 있다. 재산의 대부분이 부동산이다 보니 부동산의 리모델링, 수익형 여부가 은퇴를 설계하는 이들에게는 가장 큰 관심사다. 이들에게 가장 필요한 것은 개인에게 맞는 맞춤형 포트폴리오를 가지는 것과 지속가능한 부동산 은퇴설계를 구체화하여 실행하는 것이다. 사업의 경우에도 꾸준한 수익창출이 필요하듯이 부동산 은퇴설계에도 지속적인 수익이 필수적이기 때문이다.

평범한 직장인들 대부분이 회사 월급을 받을 때에는 큰 어려움 없이 생활을 한다. 하지만 수년~수십 년이 흘러 퇴직 후 매달 일정하게 들어오던 수입이 끊어지고 나면 그때부터 어려움이 생겨난다. 퇴직 후 노력하여 지출을 줄여도 봤지만 몇 달이 채 지나지도 않았는데 통장의 현금잔고가 눈에 띄게 확 줄어든다. 이러한 시점에서 수익형부동산으로 은퇴설계를 해야겠다는 결심을 하는 은퇴자들이 많다. 하지만 이미 지갑이 얇아진 지금, 수익형부동산으로 은퇴설계를 무리 없이 해내는 것은 여간 어려운 일이 아니다. 은퇴하기 전에 시작했더라면 이렇게까지 어렵지 않았을 텐데, 은퇴 후에는 수익형부동산으로 은퇴설계를 준비하는 과정이 몇 배 더 힘들어질 수도 있다. 퇴직 후 일정 수입이 전혀 없이 지출만 있는 상황이라면 더욱 상황은 좋지 않다.

퇴직 후 노부부에게 필요한 생활비는 얼마일까? 연구결과 최소 135만원에서 최대 185만원이라고 한다. 하지만 최소 생활비로만 생활하는 것은 일상생활에 적지 않은 어려움을 초래할 수도 있다. 은퇴 후 각종 질병으로 인한 병원비 지출, 또한 은퇴 후에도 여전한 자녀 뒷바라지 비용, 사업 또는 투자 실패로 떠안은 빚, 은퇴 후 가족의 해체에 따른 지출 비용 등 은퇴 이후에 갑작스럽게 발생할 수 있는 지출은 생각보다 많다. 불충분한 연금은 노후 자금이 부족한 은퇴자들에게 있어 완벽한 은퇴설계수단이 될 수 없다. 턱없이 부족한 노후연금이 아닌 수익형부동산으로 은퇴설계를 원한다면, 은퇴 전부터 생각해야 한다.

그렇다면 자금이 적거나 빚이 있는 은퇴자, 경제적으로 여유로운 은퇴자, 빚이 있는 것은 아니지만 내가 거주하고 있는 집 외에 전혀 자금 여유가 없는 은퇴자 등 자금 상황별 수익형부동산은퇴설계 전략은 어떻게 세우면 좋을까? 우선 빚 있는 대형아파트 보유자의 부동산은퇴설계 전략에 대해서 알아보자. 빚이 있고 수도권에 대형아파트를 보유한 사람이라면 무엇보다 먼저 부동산을 처분해 빚을 갚는 것이 중요하다. 그냥 두었다가 노후에 팔아야지 하고 막연하게 생각할 수 있지만, 차후 아파트 가격의 하락 가능성이 전혀 없다고 볼 수 없고, 지금보다 집이 잘 안 팔릴 가능성도 있다. 은퇴 후 아파트 매매에 따른 각종 비용 부담이 지금보다 커질 수 있고, 집이 팔릴 때까지 꼬박꼬박 내야하는 이자 또한 무시하지 못한다. 일단 아파트를 처분하고 수익형부동산은퇴설계를 해야 할 것이다.

경제적으로 여유 있는 중대형 아파트 보유자의 경우는 작은 주택으로 이사하는 것을 적극적으로 고려할 만하다. 거주하는 주택의 규모를 줄임으로써 발생하는 차액을 고스란히 금융자산으로 보탤 수 있어 노후 자금 마련에 큰 도움이 되기 때문이다. 또한 주택의 규모를 줄임으로써 수익형부동산은퇴설계 전략을 세우는 데 보탬이 될 수도 있겠다. 부동산 자산 규모는 사는 지역과 주택 유형에 따라 크게 달라진다. 같은 서울이라도 강남과 강북의 차이가 크고 아파트와 빌라의 시세가 많이 다르니 꼼꼼하게 살펴보고 결정하자.

가족이 거주하기에 적정한 집 한 채만 보유한 사람이라면 주택연금을 추천한다. 자산을 유동화할 수 있기 때문이다. 주택연금은 지금 사는 집에 계속 사는 부부가 둘 다 사망할 때까지 연금을 받을 수 있다. 가입주택에 대해 재산세를 25% 감면해주는 혜택도 주어진다. 거주하는 주택 이외 여유자금이 없다면, 거주하는 주택의 규모를 도저히 줄일 수 없는 최소수준이라면, 우선은 수익형부동산이 은퇴설계보다도 자금을 모으는 것이 우선시되어야 할 것이다. 수익형부동산으로 은퇴설계를 할 때 소액으로 장만할 수 있는 수익형부동산에 관심을 갖는 사람들이 많다. 거주하는 주택을 처분해서 오피스텔이나 빌라 등 수익형부동산을 장만해 노후에 안정된 생활을 영위할 수 있기 때문이다.

수익형부동산으로 은퇴설계를 하려고 처음 부동산에 투자하는 사람은 오피스텔을 주로 염두에 둔다. 오피스텔은 초기 투자 자금 규모가 크지 않은 편이라 부담이 덜하기 때문이다. 하지만 임대수요가 많지 않은 외곽 지역은 오피스텔 세입자가 잘 나타나지 않아 애를 먹을 수도 있으니 신중하게 구입하자. 수익형부동산으로 은퇴설계를 함에 있어 빌라 투자를 고려하는 경우도 많다. 빌라 투자를 할 때에는 매입할 지역을 정한 뒤 같은 지역 내 어떤 위치에 있는 빌라를 살 것인지 생각해야 한다. 아파트 밀집지역보다는 일반 주택이 많은 동네여야 세입자 구하기가 더 수월하다.

수익형 부동산 관리 원칙 알아보기

- 언제나 수익형 부동산은 공실에 대비해야 한다. 입지와 상권을 고려하여 구입 단계에서 신중해야 한다.
- 집으로부터 30분 이내 부동산을 구입하여 관리하라. 가까이 있어야 관리가 가능하다. 혹은 꼭대기층에서 살 것. 내가 편안하게 느끼고 정기적 방문이 가능한 지역에 위치한 부동산을 잡는다.
- 구입 시 구체적인 자금계획을 세워라. 대출 대비 수익, 재산세, 임대소득세, 추가 인테리어 비용, 취득 시 세금, 관리 인원 비용 등 구체적인 자금계획을 철저히 세운다.
- 대중교통수단이 있고 인력, 주요 업무지역(도심) 근접 부동산을 구입하라. 회사원, 대학생, 독신자, 20~30대가 위치한 지역을 선택하라. 대학가와 역세권은 세입자를 찾기가 쉬워 수익형 부동산으로 적합하다.
- 각종 마케팅(광고, 전단지 등), 커뮤니케이션 관리를 잘하라. 공실률을 최대한 줄일 수 있다.
- 계약서 작성(특약)을 철저히 하라! 부가세, 관리비, 월세 납부 등 각종 임대규칙을 넣어준다.
- 소방필증, 보험(화재) 등 사건사고에 대한 대비를 하라!
- 소형평형은 월세 수요도 풍부하며 증가세를 보인다. 중대형으로 임대 사업을 하지 말아야 한다. 다가구, 원룸주택으로 최대한 쪼개야 한다.
- 대출이 없어질 경우 임대주택을 다시 찾아라.

2) 수익형 부동산의 초보자에게 적합한 오피스텔 임대

(1) 가격이 싼 오피스텔을 구하라!

오피스텔은 값이 잘 오르지 않는 경향을 보인다. 따라서 오피스텔로 부동산 은 퇴설계를 대비하려는 사람은 물건 매입을 싸게 해야 한다. 오피스텔은 미분양 땡 처리나 법원 경매, 교환 시장을 이용하면 시세의 절반 가격으로 매입할 수 있다. 법 원 경매로 오피스텔을 사면 시세보다 좀 싸게 살 수 있다. 오피스텔은 아파트나 주 택에 비해 비교적 인기가 낮아 입찰 참가자들의 경쟁률이 낮다. 조급하게 서두르지 않는다면 주변 시세보다 30~50% 싸게 매입할 수 있다. 오피스텔 경매의 경우 권리 관계가 그리 복잡한 편은 아니다.

미분양 땡처리 오피스텔 매물도 눈여겨봐야 한다. 보통 시행사가 급히 자금을 회전하기 위해서 싸게 내놓는 경우가 있다. 이런 매물은 서울 지역에서는 분양가보 다 10~20%, 수도권에서는 20~40% 가량 싸다. 다만 땡처리와 교환 매물의 경우 알 짜 오피스텔이 많지 않은 것은 단점이다. 그래서 본인의 안목이 중요하다. 임대 수 요가 많지 않은 외곽 지역도 나 홀로 오피스텔 매물이 적지 않다. 값이 싸다고 이런 매물을 섣불리 매수하면 수익은커녕 애물단지가 될 수도 있다. 조금 비싸더라도 역 세권이나 대학가 주변이 유리할 것이다.

(2) 세금을 알고 오피스텔을 매입하자!

오피스텔을 분양받거나 매입할 경우 세금을 잘 파악해야 한다. 오피스텔은 업 무용과 주거용으로 임대할 수 있는데, 주거용 오피스텔의 경우 1가구 2주택에 해당 된다. 이런 조건이라면 취득세부터 종합부동산세까지 다양한 세금이 부과된다. 이 때 세금을 막는 방법은 오피스텔을 업무용으로 등록하는 것이다. 상업지구에 있는 오피스텔은 업무용으로 임대하면 1가구 2주택에 해당되지 않는다. 주거용 오피스 텔의 경우에는 주택임대사업자로 등록하면 세금을 내지 않거나 내더라도 할인을 받을 수 있다.

기본적으로 오피스텔은 건축법상 업무시설에 해당된다. 그런데 최근 주거용 으로도 사용할 수 있도록 설계되면서 양도세 규정이 제법 복잡해졌다. 오피스텔을 분양받으면 상가처럼 부가세를 부담해야 한다. 그런데 분양받은 사람이 일반 과세자로 등록하고 부가세 환급 신고를 하면 납부한 부가세를 돌려받을 수 있다. 반면 임대사업자등록을 하지 않거나 간이과세자로 사업자등록을 할 경우 환급받지 못한다.

오피스텔을 사무용으로 임대하면 세금계산서를 발부하고 6개월 단위로 부가세를, 1년 단위로 종합소득세를 신고해야 한다. 그런데 임대 오피스텔이 거주용으로 사용되면 부가세가 면제된다. 주택임대사업자로 등록하면 주거용 오피스텔은 큰 수혜를 볼 수 있다. 소득세, 법인세 혜택을 주기로 했기 때문인데, 이는 자금 조달 면에서 큰 장점이다.

(3) 오피스텔, 이것만 챙기자!

타 부동산 상품도 그렇지만 오피스텔 역시 입지가 매우 중요하다. 도심 및 역세권과 업무지구 주변, 대학가 등 배후 수요가 탄탄한 곳은 안정적인 월세 수입과 함께 공실의 위험이 없다. 이를 위해 반드시 현장에 나가 월세 수준을 확인하고 투자 수익률을 분석해 보는 것이 좋다. 수익률을 따질 때에도 초기 매입자금뿐만 아니라 관리비용, 세금부담, 감가상각 등 추가적으로 소요될 제반 비용도 꼼꼼하게 짚어봐야 한다. 주변 오피스텔과 비교해 관리비가 비싸지 않은 곳이 향후 임대관리 시에도 유리할 수 있다.

오피스텔은 일반적으로 전용률이 50%가 약간 넘는 수준인데, 최근 공급되는 몇몇 오피스텔의 경우 전용률이 40% 안팎인 경우도 있다. 전용률이 55% 이상이면 괜찮다고 볼 수 있다. 무엇보다도 최근 오피스텔이 대량 공급된 지역은 피해야 한다. 일시적인 공급 증가로 인해 임차인 확보가 힘들어질 수 있고, 임대료 또한 단기간 떨어질 가능성이 크기 때문이다.

전국의 오피스텔 공급은 2013년부터 크게 늘어 2016년까지 4년 동안 총 11만 8천여 실이 공급되는데, 이 중 수도권에서 7만 4천 600여 실이 공급돼 비중이 높다. 공급이 많으면 월세에 영향을 미친다는 점을 꼭 기억해야 한다.

- 입지, 면적이 분양가에 대비에 적정한 것을 찾아라:

    위치는 1차 역세권에서 도보 5분 거리, 독립 세대의 경우 전용 6 ~ 8평을 가장 선호한다.

- 시장의 임대수요가 인위적이지 않은 것을 찾아라:

    대학교, 대기업, 중소기업 등이 골고루 산재되어 있는 곳은 자연발생적인 곳이다.

- 만족할 만한 수익률과 매매 시 차익 실현이 가능한 매물을 찾아라:

    가격이 저렴할수록 수익률이 높아지고 매매차익이 가능하다.

- 회전율이 짧은 곳을 골라라:

    세입자가 나가고 재임대기간의 소요시간이 적은 곳을 공략해야 한다.

3) 수익형 부동산의 꽃인 상가를 노려라

(1) 상가는 기존상가와 분양상가로 나뉜다!

상가는 먼저 기존상가와 분양가로 구분한다. 기존상가의 경우 권리금이 따라온다. A라는 하나의 상가에서 1년 수익이 모든 비용을 제하고 2천만 원이 나온다고 가정해보자. 그렇다면 A상가의 권리금은 약 2천만 원이 된다. 권리금이 형성되지 않는 상가라면 그 상가의 가치는 떨어진다고 보면 된다. 권리금도 세분화하면 크게 세 가지로 구분된다.

위치가 좋아 하루 종일 지나다니는 사람이 많고 독점적으로 장사할 수 있는 곳에는 권리금을 줘야 한다. 또 장사가 잘되어 매월 일정한 수입이 들어오는 업종을 그대로 인수받아 장사하려는 사람은 영업 권리금을 제시해야 한다. 이외에도 현재 하고 있는 업종과 동일한 장사를 하는 경우 세입자가 사용하던 시설을 그대로 인수받아 사용하는 경우가 있는데, 이를 시설 권리금이라 한다. 권리금은 임차인과 새로 들어올 임차인과의 관계에서 발생한다.

신도시에 새로운 아파트가 들어서면 그 주위로 학원, 약국, 병원, 편의점 등 기본적인 실생활과 밀접한 상가가 들어서기 마련이다. 최근 LH 단지 내 상가의 경우 안정적인 수익률과 가격, 공기업 공급 등의 장점을 갖고 있어 주목받기도 한다. 분양상가는 권리금이 없지만 그만큼 아직 검증되지 않은 상가라는 사실을 명심해야 한다.

(2) 상권은 숲, 상가는 나무이다.

상가는 상권이라는 숲을 살펴봐야 하고, 개개 상가라는 나무의 영역을 들여다볼 필요가 있다. 그만큼 상권이 중요하다. 상권은 '상업상의 세력이 미치는 범위'를 말한다. '상권이 잘 형성되어 있다'고 하면 사람이 많이 몰리는 지역이어서 상가가 많이 들어와 있고 장사도 잘되는 것을 뜻한다. 서울 7대 상권은 명동, 홍대, 강남역, 대학로, 신림, 건대입구, 신촌/이대 등으로 주말은 물론 주중에도 사람들로 북적인다.

상권은 변화무쌍하다. 상권이란 숲은 늘 변수가 생기게 마련이다. 얼마 전 서울 신촌에는 차 없는 거리가 생겼다. 이 일은 신촌 지역 내 개별 상가에 큰 영향을 미친다. 30억 나가는 상가가 20억으로 떨어질 수도 있고, 반대로 10억 나가던 건물이 훨씬 높은 부동산 가격을 형성할 수도 있다. KTX가 신설되면서 상권에도 많은 변화가 생겼다. 지방 활성화에도 도움이 됐지만 역으로 부산에 사는 젊은 여성이 서울 강남에 와서 치과치료를 받고 다시 부산에 내려가는 풍경도 생겨나고 있다. 상권은 교통, 학교 등 다양한 변수를 품고 있다. 그래서 상가투자가 어려운 것이다.

숲에 있는 나무도 중요하다. 개개의 상가가 튼실해야 임대수익이 확실히 보장된다. 저금리의 영향으로 상가가 과잉공급 논란이 될 정도로 많기에 옥석을 가려야 한다. 투자의 최우선 순위는 평지의 1층 상가이다. 상가 시장에서는 1층과 나머지 층과의 임대료 차이가 갈수록 커지고 있다. 최근 불황이 심해지면서 근린상가 2~4층은 세입자를 구하지 못하는 경우 임대인이 관리비까지 무는 경우가 많다. 반면 1층은 세입자를 구하기가 그다지 어렵지 않다. 점포가 안 나가면 조금 싸게 내놓으면 된다.

(3) 당신이 상가를 아는가?

상가 투자의 목적은 세 가지다. 먼저 상가를 얻어 직접 가게를 차리거나 사무실을 내는 경우다. 직접 경영하는 만큼 월세 걱정도 없고, 마음 편하게 장사 등을 할 수 있다. 두 번째는 안정적인 수익을 내기위해서다. 마지막으로는 매매차익을 볼 수 있기 때문이다.

그런데 은퇴설계로 접근한 상가투자의 개념은 두 번째인 월세 수입 등의 안정적인 수익형이 궁극적인 목적이다. 따라서 상가는 수익이 보장돼야 한다. 다른 부동산 투자와 마찬가지로 상가는 독점적인 것이 필요하다. 반면 독점적인 위치가 아닌 애매한 위치에 있는 상가는 그다지 매력적인 투자 대상이 될 수 없다. 독점적인 자리가 아니라면 임차인의 장사가 잘 안 되고, 매월 고정적인 월세 수입도 위험해진다. 실제로 많은 상가 투자가들이 임차인을 구하지 못해 관리비만 축내서 하소연도 많이 한다.

또 상가는 임차인 관리가 중요하다. 매월 임차인에게 월세를 받는 것이 보통 스트레스가 아니다. 그런 관리 영역에 자신이 없다면 상가로 은퇴설계하는 일을 포기하거나 아니면 미리 공부해 자신의 내공을 쌓아야 한다. 만약 관리하는 상가의 수가 늘어난다면 관리 노하우와 대처를 보다 전문화할 필요도 있다. 상가관리는 부익부 빈익빈이기도 하다. 권리금이 3억이나 되는 상가가 있다고 가정해보자. 이 상가는 상권이 매우 좋은 곳이고, 장사도 잘되는 만큼 임차인의 월세가 자동으로 입금된다. 반면 권리금이 하나도 없는 상가의 임대인은 임차인의 상태가 늘 신경 쓰이기 마련이다.

(4) 테마상가와 전용률이 낮은 상가는 피해라!

테마상가는 과잉 공급이다. 일부 테마 쇼핑몰에서는 공사가 완공되었음에도 불구하고 세입자를 찾지 못해 텅텅 비어 있는 곳이 많다. 테마 쇼핑몰은 이미 구조조정이 한창 지났다. 쇼핑몰 내 천막 상가 등도 임차인의 기본 매출이 매우 떨어지는 편이다.

이것이 현실인 데도 시내 거리를 다니다보면 '3천만 원 투자에 월 100만 원 임대수익 보장', '수익률 12% 보장' 등의 현수막을 걸어놓고 투자가를 모집하는 경우가 있다. 허위와 과대광고일 가능성이 크다. 일정 기간 수익률을 확정, 보장하는 상품들도 그 기간이 끝나면 각종 지출비용(재산세, 대출이자, 중개 수수료) 제외 남는 돈이 없거나 오히려 손해를 보는 이른바 '깡통 상가'가 속출하는 경우가 있으니 조심해야 한다.

전용률도 상가 투자 시 고려 대상이다. 상가 건축을 살펴보면 상가를 이용하는 사람들이 적은 상가임에도 불구하고 불필요하게 상가 내부에 규모가 큰 에스컬레이터를 설치해 전용면적만 작게 만들고 상가 활성화에 오히려 저해요인이 되는 것을 볼 수 있다. 이렇듯 분양 상가에는 공유면적이 크고 전용률이 낮은 상가도 많기 때문에 반드시 매입 전 전용률을 확인해야 한다.

(5) 상가임대차보호법 개정, 권리금 보장돼

2018년 상가건물 임대차보호법이 개정됐다. 그동안 자영업자의 가장 큰 애로 사항이었던 권리금의 보호를 위해 상가 임차인의 권리금 회수가 법으로 보호된다는 것이다. 상가 임대인은 신규임차인에게 권리금이나 현저한 고액의 차임 또는 보증금을 요구하는 등 법률에 규정된 권리금 회수를 방해하면 손해배상책임을 지게 된다.

이외에 건물주가 바뀌어도 모든 임차인은 5년간 계약기간을 보장받는다. 하지만 임대료 상한제가 빠져 있어 반쪽짜리 보호법이 아니냐는 지적도 나온다. 현행 상가임대차보호법에 따르면 월세를 포함해 보증금으로 환산한 금액인 '환산보증금(보증금+월세x100)'이 6억 1천만 원(서울시 기준) 이하인 상가에 대해서는 월 임대료 및 보증금(환산보증금으로 계산)의 증액률이 5%를 넘지 못하도록 제한하고 있다. 이에 비해 환산보증금이 6억 1천만 원을 초과하는 상가는 상한이 없다. 이 경우 임대인이 임대료를 매우 크게 올려도 임차인 입장에서는 대처할 수 없다.

최근 상가 경매 물건이 인기가 높아지고 있다. 경매로 낙찰받은 상가에는 권리금 승계 의무 등이 적용되지 않는 만큼 상가 경매시장에 대한 투자자들의 관심도 높다.

단지 내 상가 투자 원칙

- 1,000세대 이상 규모의 아파트 상가여야 한다. 기본 세대 수 이상이어야 상업성을 지닌다.
- 주 출입구 상가에 입지해야만 한다. 가장 독점적인 곳의 상가에 위치해야 장사가 된다.
- 반드시 2차선 이상 차도에 접한 상가여야 한다.
- 1층 상가가 환금성이 좋다. 2층 이상으로 올라가면 접근성이 떨어진다.
- 입주 5년차 이상 된 상가를 선택해야 한다.

4) 소액으로 투자할 수 있는 소형 빌라

(1) 대표적인 서민주택이라 임대에 용이

최근 전세대란이다. 전세금이 상승하면서 빌라는 임대수요가 증가하는 분위기이다. 빌라형은 대표적인 서민 주택이라고 볼 수 있다. 먼저 관리비가 없어 돈 없는 세입자에게는 적합한 주거형태라고 할 수 있다. 임대를 원하는 수요가 많다 보니 공급을 하는 빌라 주인에게는 임대 기회가 더 넓어진다.

실제로 전국 월세 가구의 대부분은 저소득층이며 이들은 주로 단독주택과 연립주택에 사는 것으로 조사됐다. 반면 전세는 고소득층과 중소득층의 대표적인 임차 형태인데, 그 주거형태는 아파트이다.

2016년 기준 서울 연립주택 평균 매매가는 2억 5,000만 원 정도로 서울 아파트 평균 전세값(4억 원)의 62% 수준이다. 개발 지역일 경우 매매차익과 함께 약간의 임대수익도 예상해 볼 수 있다.

(2) 지역개발호재, 빌라의 준공 연한도 챙겨라!

빌라는 지역이라는 숲과 매물이라는 나무를 종합적으로 고려한 입지 선택에 성패가 달려 있다. 최근 뉴타운과 재개발 지역 투자가 어려운 환경이다. 일부 지역의 뉴타운 지정이 해제되기도 하는 등 재개발이 한풀 꺾인 분위기이다. 그렇지만 열심히 발품을 팔다 보면 흙 속에 감춰진 진주를 캐듯 지역 호재가 숨어 있는 빌라 매물을 찾을 수 있다.

빌라를 매입할 지역을 정한 다음에도 같은 지역 내 어떤 위치에 있는 빌라를 살 것인가를 생각해 봐야 한다. 아파트 밀집 지역보다는 일반 주택이 많은 동네의 빌라를 고르는 편이 좋다. 낡은 빌라를 샀을 때 구입 가격은 저렴하겠지만 수도, 하수도, 가스관 등이 노후되어 고치는 비용이 크게 들 수 있다. 또 세입자의 수리 요청 전화가 빈번하면 여간 스트레스가 쌓이는 것이 아니다. 따라서 빌라의 층수, 준공 연한, 주차공간 확보 등 오랜 기간 꼼꼼히 따져 보고 선택해야 한다.

(3) 관리 잘 된 빌라, 임대료 높아

얼마 전 부동산 투자를 다루는 TV 시사 프로그램에서 경매 투자에 성공한 여성이 나왔다. 전국을 돌며 경매를 통해 10여 개의 수익형 물건을 갖고 있는 그녀는 매달 임대수익을 톡톡히 벌고 있었다. 주목할 것은 그녀가 자신의 수익형 부동산을 대하는 태도였다. 자신의 빌라 내부에 있는 일반 백열등과 형광등도 세련된 전기 제품으로 교체하고, 찌든 때가 끼고 깨진 욕실 바닥도 수리하는 등 임대 물건을 깨끗하게 관리하는 것이다. 본인이 직접 청소하고 웬만한 고장과 수리는 직접 하는 알뜰함을 보여 주었다. 이렇게 공을 들여야 임대가 나가고 상대적으로 월세도 올려 받을 수 있다는 것이 그녀의 지론이었다.

보통 햇볕이 잘 들고 통풍이 잘되는 빌라가 인기가 높다. 햇볕이 잘 드는 빌라는 그 자체만으로도 가치가 높은 셈이다. 또한 내부시설의 경우 쾌적하고 편리함을 유지한다면 임차인의 선호도는 높아진다. 이렇게 관리를 잘하면 임대료 10~20만 원은 더 높게 받을 수 있다.

(4) 시세보다 싸게 경매로 접근!

2017년 경매 시장에 나온 수도권 다세대 주택은 모두 2,200여 건이 넘는다. 물량도 증가하지만 입찰자 역시 폭발적으로 늘고 있다. 소형 아파트가 환금성도 좋아서 인기지만 빌라 같은 다세대 주택을 찾는 사람도 늘었다. 경매를 통해서 최저 입찰가 7,000~8,000만 원대의 소액 투자용 빌라를 낙찰받는다면 충분히 투자가치가 있는 선택이다.

다만 소액투자의 경우 입지 여건이 우수한 곳만 고집하지 말고 다소 여건이 떨어져도 임대수요가 넉넉한 곳이라면 안정적인 월세수익을 목표로 접근해 볼 수 있다. 또한 재건축이 예상되는 노후물건도 투자 가치 면에서 고려해 볼 만하다. 경매를 통해 빌라를 구입할 경우 세입자의 명도는 세심하게 체크해야 한다. 세입자와의 마찰로 명도소송까지 간다면 금전적 손해도 예상되고, 전신적인 고통이 따르기에 신중한 확인이 필수라 하겠다. 또 법원에서 매긴 감정가 역시 현재 시세와 비교, 현장조사를 통해 검증해야 경매를 통해 낙찰받은 후에 후회하지 않는다.

앞서 수익형 부동산 투자 물건에 대해서 알아본 바 있다. 소형 빌라는 은퇴설계를 앞두고 수익형 부동산 투자로 고려해 볼 만한 투자 대상이다. 빌라라고 불리는 연립, 다세대주택은 아파트와 단독, 다가구주택과 함께 대표적인 주거용 상품이다. 보통 건물의 층수 제한으로 아파트와 그 외의 건물을 구분할 수 있다. 5층 이상이면 아파트이고, 4층 이하는 연립주택이다. 조금 더 세분화하면 전체 면적이 660m²(200평) 이상이고 4층 이하인 건물을 연립주택이라 한다. 이 연립주택을 흔히 빌라라고 일컫는다. 또한 다세대 주택은 660m² 이하에 4층 이하, 다가구는 660m² 이하이지만 개별 등기는 안 된다. 이 외에도 다중주택은 330m²(100평) 3층 이하로 단독주택형 건물이다.

5) 환금성 좋고 임대 관리하기 편한 소형 아파트

(1) 지역호재 많은 곳이 환금성이 좋다

소형 아파트의 매력은 환금성에 있다. 부동산의 불황기에는 시세가 오를 때까지 기다리는 '묻혀두기'식 투자보다 현금화할 수 있는 투자처가 중요한데, 소형 아파트는 이에 적합하다. 특히 노후대비를 위한 투자를 고려할 때 긴급한 일이 발생해도 언제든지 현금 흐름을 만드는 환금성은 소형 아파트의 장점이다.

소형 아파트가 환금성을 갖추려면 어떤 조건이 필요할까? 먼저 지역호재가 많은 곳은 수요가 넉넉해 부동산 거래가 활발하기 때문에 환금성이 좋다. 호재가 많은 지역은 배후 수요가 풍부하고 인구 유입도 증가돼 임대수요가 생긴다. 서울 수도권의 경우 대중교통과 교육환경이 좋은 지역이 수요가 풍부하다. 지방은 대규모 산업단지나 공공기관 이전 지역 등 젊은층 인구가 늘어나는 도시가 배후 수요가 풍부한 편이다. 가령 서울 내 한강변 소형 아파트나 서울 공덕동 마포 전철역, 서울 마곡지구 오른쪽 가양동 등은 임대용 투자처로 유망하다. 또한 서울 노원구의 49~60m²(4~18평)의 소형 아파트는 좋은 교육환경을 배경으로 서울시내 중 가장 깔끔한 소형 아파트 투자처로 손색이 없다. 부동산은 살 때보다 팔 때가 더 문제라는 사실을 명심하고 소형 아파트가 지닌 환금성이란 장점을 잘 살려야 한다.

(2) 임차인 관리 면에서 수월한 소형 아파트

부동산 은퇴설계를 하는 입장에서 임차인 관리는 중요한 영역이다. 실제로 부동산 투자자의 경우 임차인들과의 관계를 원만하게 풀지 못해 크고 작은 어려움에 직면하는 경우가 많다. 제때 월세를 못 받는 경우에서부터 임차인과 분쟁 또는 송사를 벌이는 경우 등 다양한 문제들이 발생한다. 소형 아파트는 여타 수익형 부동산인 빌라, 원룸, 상가보다도 임대 관리 면에서 수월하고 편리하다.

(3) 역세권과 시세 대비 높은 전세가 지역!

소형 아파트를 잘 고르기 위해서는 먼저 매매 시세 대비 전세금을 잘 살펴보아야 한다. 시세에서 전세금의 비율이 높으면 전월세 수요가 많은 지역이라 임대수익을 기대할 수 있고, 공실률의 위험도 줄일 수 있다. 또한 소형 아파트의 임차인은 주로 미혼의 직장인이나 젊은 세대가 많다. 이들은 대중교통을 이용하는 경우가 많기에 출퇴근이 편한 역세권을 선호하는 만큼 소형 아파트의 입지를 잘 고려해야 한다.

이외에도 도심의 업무시설이 밀집해 있는 지역의 경우에도 소형 아파트의 대기 수요자가 많다. 최근 미디어, 방송사의 입주가 활발한 서울 상암지구의 배후 지역의 소형 아파트 선택 입지로 손색이 없다.

왜 소형아파트인가

최근 부동산 경기 침체로, 번듯한 집이 있지만 무리한 대출과 세금 부담으로 소득이 줄어 빈곤하게 사는 사람들이 많다. 이들을 가리켜 하우스 푸어(house poor), 렌탈 푸어(rental poor) 등의 신조어가 생겨나기도 했다. 특히 중대형 아파트의 경우 거래가 많이 안되고 시세도 크게 떨어져 구입자들의 어깨를 짓누르고 있는 상황이다. 그런데 이와 반대로 소형 아파트는 시세도 소폭이지만 상승세를 나타내고 꾸준한 임대 수요가 있는 편이다.

소형 아파트가 대세가 된 이유는 아파트 공급 물량의 변화와 부동산 시장의 침체에서 찾을 수 있다. 지난 2008년까지 부동산 시장이 호황을 이루면서 건설회사들은 이윤을 쉽게 남길 수 있는 전용면적 85m²(26평) 이상의 중대형 면적 위주로 아파트를 공급했다. 반면 85m² 이하 아파트 공급은 눈에 뛰게 줄어들었다. 특히 전용면적 60m²(18평) 이하 소형 아파트는 더욱 귀해지면서 작은 아파트의 희소가치가 점점 높아진 것이다.

여기서 부동산 시장 침체가 지속되자 투자자는 투자금이 적고, 환금성이 좋은 소형 아파트를 선호하고, 실수요자 역시 불안한 부동산 시장에서 무리하지 않고 중대형을 기피하는 현상이 뚜렷해지면서 수요와 공급 면에서 소형 아파트 선호 현상이 두드러진 것이다. 이러한 환경에서 소형 아파트를 마련한다면 수익형 부동산 은퇴설계의 또 하나의 대안이 될 수 있다.

소형 아파트 투자 방법

- 교통(역세권), 상권(상업지+업무지), 학군, 공원(한강변 등) 등의 입지에 따라 가격 변동성이 커진다. 소형은 교통, 중대형은 환경과 교육여건을 살펴라.
- 재건축 연한이 가까운 단지(재건축 연한 30년으로 완화) 또는 신규단지로 접근한다. 개발호재로 가격상승이 있거나 혹은 관리의 편리함을 선택한다.
- 중단기 투자의 경우는 분산 투자, 장기적 투자의 경우는 같은 지역에 집중 투자를 한다.
- 소형아파트는 단기적으로 고평가되어 있는 지역이 많으므로 선별하여 접근한다. 이미 지역이나 단지에 따라 양극화가 많이 진화되었다.

6) 은퇴 이후 평생직장이 될 수 있는 경매

(1) 경매! 나도 할 수 있다

'경매 투자' 하면 일단 어렵게 생각하는 사람들이 많다. 어려운 법률용어와 복잡하고 까다로운 절차까지, 초보자들이 접근하기 쉽지 않기 때문이다. 또한 경매는 예전에 비해서 경쟁이 심하다. 경제가 불황이라 경매 물량은 많지만 높은 시세 차익을 얻을 수 있는 알짜배기 경매 물건은 찾기가 쉽지 않다.

따라서 요즘 경매는 남들이 관심을 가지지 않은 것에 관심을 갖고 발품을 팔아야 수익을 낼 수 있다. 바로 틈새시장이다. 이러한 시장을 제대로 알기 위해서는 경매 실전에 강해야 한다. 이론보다는 실전이 중요하다. 은퇴 전후의 세대는 실전에 약할 수 있다. 그러나 산전수전 다 겪은 경륜있는 나이라면 경매와 같은 복합적인 부동산 투자에서도 성과를 낼 수 있다. 용기를 내보자. 경매는 은퇴 이후 평생직장이 될 수도 있다.

(2) 먼저 목표를 설정하고, 권리분석은 기본

경매를 시작하기 위해서는 가장 먼저 목표를 설정해야 한다. 집을 살 것인지, 상가를 살 것인지, 토지를 살 것인지를 미리 결정해야 한다. 실제 경매로 나온 부동산을 이러한 목표를 갖고 집중 연구해야 나중에 관리하기도 편하고 시세차익을 누릴 수 있는 부동산을 살 수 있다.

물론 이러한 목표를 정하기 위해서는 자신이 갖고 있는 현금 자산을 정확히 알아야 한다. 지피지기면 백전불태이다. 자신이 지니고 있는 돈을 모르면 자신의 조건에 맞지 않는 부동산을 찾아다니고, 또 그런 부동산을 연구하느라 시간과 돈을 낭비하게 된다. 나중에 입찰 공고를 낼 때 정확하게 베팅하려면 자신이 갖고 있는 돈을 정확히 알아야 한다.

경매 물건의 권리분석 역시 중요하다. 경매는 말소기준권리와 임대차관계 분석을 정확히 이해해야 한다. 권리분석의 기준이 되는 말소기준등기 이후에 설정된 권리들은 낙찰 후 모두 소멸되는 게 원칙이다. 세입자 관계 분석의 경우에는 대항력 요건과 그 순위를 따져 인수 여부를 따지기 때문에 기본적인 사실관계를 확인한 후에 입찰 여부를 결정한다. 특수 권리관계나 법적 해석이 필요한 일부 물건은 입찰에 신중을 기해야 한다. 물론 경험 많은 투자자는 권리관계가 복잡한 부동산을 선호하는 경향도 있다. 권리관계가 복잡하면 해당 부동산을 아무도 사려고 하지 않아 아주 낮은 가격에 낙찰받을 수 있기 때문이다. 경험 유무에 따라 수익률이 달라진다.

(3) 현장조사를 통해 물건분석 잘해야

　　2002년 민사집행법이 제정되면서 경매의 과정은 매우 단순해졌다. 이러한 환경은 경매 대중화로 이어졌다. 법원경매 현장에서 아기를 등에 업고 경매에 임하는 젊은 주부의 풍경이 그리 낯설지 않은 시대이다. 그렇지만 직접 발품을 팔아 물건을 탐방하는 현장조사와 이에 따른 물건분석을 하지 않는다면 경매가 그리 녹록한 과정은 아니다. 주변에서 경매를 통해 하자 있는 부동산을 만나서 치명적인 경매의 함정에 빠지는 경우도 봤다.

　　경매는 현장조사를 통해 물건 분석에 만전을 기해야 한다. 경매 물량이 많아 어렵지 않게 낙찰받을 수 있는 아파트의 경우를 보자. 현장에 나가 대지권, 장부와 실제 표시와의 불일치 여부, 토지별도등기와 연체 관리비 등을 별도로 알아봐야 한다. 대지 지분과 단지규모, 임대가 비율, 지역 냉난방비 수준, 거주 환경의 쾌적성과 주차 공간 등을 조사해 투자가치를 파악하고 향후 매매가 잘 될 것인지를 종합적으로 판단해야 한다.

　　단독주택의 토지는 지적도와 실제 이용현황이 다르거나 땅의 위치조차 찾기 어려운 경우도 많다. 감정 평가서에 나온 흐릿한 사진은 경계가 불분명한데다 인접 필지 땅과 주택을 구분해 내기란 쉽지 않은 일이다. 경매 대상이 아닌 남의 주택과 땅을 입찰 대상으로 착각하고 경매에 참여했다가 땅을 치고 후회하는 사례도 보았다. 경매 대상의 정확한 위치부터 찾아내 입찰 목록을 확인해 보는 것이 물건분석의 첫 단추다.

따라서 입찰 전에 현장을 여러 번 찾는 것이 중요하다. 현장을 방문해 경매 부동산의 정확한 시세 파악을 해야 한다. 경매 투자에서 실패하는 원인을 보면 가격이 변수다. 호가나 감정가를 시세로 착각하면 오판하기 쉽다.

(4) 합리적인 입찰 태도와 더불어 센스 있는 명도도 중요

경매장에서 실제 입찰을 할 때는 법원 경매 현장의 분위기에 휩쓸리지 말아야 한다. 생각보다 경쟁이 심하면 생각해 둔 액수보다 입찰액을 더 쓸 수는 있지만, 현재 시세보다 비싸게 사는 우를 범해서는 안 된다. 현장에서는 먼저 입찰 게시판을 확인하고 사건기록을 열람하면서 입찰표를 작성하면 된다.

초보자의 경우 입찰장 안의 수많은 투자 인파에 질려 즉석에서 낙찰가를 높이거나 지레 포기하기도 한다. 사실 입찰장 인파는 허수도 많다. 경매 물건의 채권자 또는 세입자나 채무자 등 이해관계인과 그 가족도 많이 모인다. 입찰장 분위기에 이끌려 다니기보다는 철저하게 수익률에 의거해 입찰가를 산정하는 합리적인 입찰태도가 필요하다. 법원의 매각 서류나 유료 경매 사이트 기재 내용을 너무 믿어서 낙찰을 받았다가 잔금 납부를 포기하는 사례도 있다. 법원의 현황조사서와 매각물건 명세서의 잘못된 내용을 믿고 입찰하여 곤란한 상황에 놓이는 경우도 있다. 임차인의 점유상황, 임차보증금 신고내역의 차이 등 체크할 부분을 등한시하면 이런 결과가 초래된다.

보통 경매로 낙찰받은 집에서 세입자나 전 주인이 살고 있을 것이다. 만약 그 집에 살고 있는 사람이 경매를 통해 자신의 보증금을 모두 돌려받은 세입자라면 곧바로 찾아가는 것도 괜찮을 수 있다. 그러나 보증금을 모두 돌려받지 못한 세입자이거나 자신의 집이 경매로 넘어간 사람들은 한판 붙을 자세로 집을 산 사람을 기다리고 있을 것이다. 따라서 이때는 서둘러서는 안 된다.

낙찰자라면 경매로 낙찰받은 집을 방문해서 싸우기보다는 인간적으로 이야기하는 것이 좋다. 부드럽게 이야기하고 그래도 안 되는 사람들은 명도 소송을 통해 내보낼 수 있다.

(5) 온비드 사이트 통해 공매에도 도전

요즘에는 경매 못지않게 사람들의 관심을 끄는 것이 공매이다. 세금을 내지 않아 정부기관에 압류된 부동산이나, 공기업 또는 금융기관이 자신들의 업무와 관계없이 가지고 있는 부동산을 법원의 경매처럼 공개적으로 파는 것을 공매라 한다. 공매는 보통 공적 기관인 한국자산관리공사(KAMCO)에서 실시한다. 경매는 주로 법원에서 하지만 공매는 한국자산관리공사가 운영하는 온비드(www.onbid.co.kr)라는 사이트를 통해 실시한다.

공매를 통해서 팔리는 재산에는 '유입자산', '수탁재산', '압류재산', '국유재산' 등이 있다. 공매는 경매처럼 법원에서 하지 않고 집이나 사무실에서 온비드 사이트를 통해 할 수 있어서 시간과 비용을 절감할 수 있는 장점이 있다. 또한 자금을 한꺼번에 치르지 않고 나누고 할부로 낼 수도 있고, 잔금을 치르기 전에 다른 사람에게 되팔거나 이용할 수도 있는 특징이 있다.

경매 투자 방법

- 가격분석을 잘해야 한다. 저렴한 물건을 잡아야 수익을 낸다.
- 권리분석을 잘해야 한다. 소유권에 문제가 없는지 인허가분석도 참고해야 한다.
- 구체적인 자금계획을 세워야 한다. 명도 및 세입자합의금 등 예상치 못한 추가비용이 발생할 수 있음을 예상해야 한다.
- 환금성이 높은 매물을 선택한다. 가령 지하철역에서 10분 이내에 위치한 역세권이 좋고, 임차인 모집 시 고정적인 임대 수요를 확보할 수 있다.

(6) 경매 명도 10계명

경매는 일반매매와 달리 이중의 소유권 취득 절차(법적 취득 – 잔금 납부, 절차적 취득 – 명도)가 요구된다. 이처럼 번거로운 재산권 행사 절차 때문에 그동안 일반인이 선뜻 경매 시장에 발을 들여놓지 못했다. 그러나 이것도 이제는 먼 추억 속의 얘기가 되었다. 이제는 과거처럼 명도(세입자나 집주인을 퇴거시키는 일)에 시달려 '앞으로 남고 뒤로 밑지는 일'은 크게 줄어들었다. 사람에게 시달리는 일은 크게 줄어든 대신 송달 등 절차적인 문제는 많아졌다.

누가 명도에 지름길이 있느냐고 묻는다면 '없다'가 정답이다. 그러나 실전적 경험을 통해 공유되는 명도 원칙 몇 가지를 기억하고 있으면 실무에서 유용하게 써먹을 수 있다.

① 명도의 왕도는 대화다. 문전박대를 당하더라도 가능한 점유자와 만나라. 그러면 반드시 마음의 문을 연다. 발품이 최고다. 비록 다리는 힘들지라도 명도는 편안해질 것이다.

② 명도비 없는 명도는 생각지 마라. 윤활유 없이 기계가 돌아갈 수 없듯, 아예 입찰 전부터 명도비를 예산에 포함하라. 그러면 명도 시 아깝다는 생각이 안 들 것이다. 왜 명도비를 줘야 하느냐고 반문할 수도 있다. 물론 법적으로 지급해야 할 의무는 없다. 그러나 어차피 강제집행을 하더라도 소정의 집행비와 시간이 필요하다. 시간과 돈을 교환하라.

③ 한 손에 당근(명도비), 다른 손에 채찍(강제집행)을 들어라. 명도 협상 차 점유자를 방문할 때는 당근만 보여줘라. 그러면 상대방은 낙찰자의 진정성을 이해하고 닫혔던 마음의 문을 열 것이다. 채찍은 그저 존재 자체만으로도 상대에게 위엄과 권위를 나타낸다. 먼저 채찍을 상대방 앞으로 흔들지 마라.

④ 강제집행은 최후의 수단이다. 전가의 보도는 함부로 휘두르는 것이 아닌 것처럼 엄포용으로만 이용하라. 단, 꼴불견 임차인에게는 엄정하게 대처할 필요가 있다. 마치 맡겨 놓은 돈을 찾아가는 것처럼 너무도 당연히 명도비를 요구하는 사람, 그것도 아주 터무니없는 금액을 요구하는 사람이라면 차라리 국가에 세금을 내는 것이 낫다. 이럴 때는 강제집행이 보약이다.

⑤ 분할통지하라. 다가구나 상가 등 여러 가구가 거주하는 경우에는 목소리가 큰 사람이 반드시 있다. 집단의 힘을 이용해 협상에 찬물을 끼얹는 사람은 다중으로부터 격리해야 한다. 본보기로 강제집행을 신청하면 나머지 사람들은 원하는 대로 잘 따라온다. 상대의 약한 고리를 집중 공략하라.

⑥ 집행 사전 예고제를 이용하라. 강제집행이 불가피하다면 강제집행을 신청하고 집행관에게 방문을 부탁하라. 집행관이 10일 이내에 자진 퇴거하지 않으면 강제집행 하겠다는 계고서를 붙이면 효과가 바로 나타난다. 집행관이 협상을 종용하고 조만간 강제집행할 수 있음을 고지하면 바로 꼬리를 내린다.

⑦ 잔금 납부 전에는 반드시 방문하라. 경매는 일반 매매와 달리 사전 방문이 거의 불가능하다. 그러나 낙찰 후에는 사정이 달라진다. 대금지급기한 통지서를 받거나 방문하라. 방문하면 명도의 난이도를 판단할 수 있다. 대화를 하다보면 어느 정도 성향을 파악할 수 있기 때문이다. 덤으로 숨어 있는 하자를 발견할 수 있어 위험(금전 손실)을 최소화할 수 있다.

⑧ 잔금납부와 동시에 통보하라. 잔금납부 후에는 내용증명을 보내 주인이 바뀌었다는 것과 이사할 수 있는 일정 기간(잔금 내는 날로부터 30일 이내)을 통보하고, 기한 내에 이사 가지 않으면 강제집행할 수 있으며, 집행에 소요되는 비용등을 청구할 수 있다는 점을 주지시킨다.

⑨ 명도는 송달이 생명이다. '하늘을 봐야 별을 따듯이' 송달이 돼야 강제집행을 할 수 있다. 종종 점유자가 고의로 송달을 거부하는 경우가 있다. 우체국 집배원이나 집행관과 가까우면 덕을 볼 수 있다.

⑩ 때로는 빈집 명도가 더 힘들 수 있다. 살림살이가 남아 있지 않다면 관리사무소 등의 협조를 얻어 조기에 입주할 수도 있다. 그러나 세간이 남아 있을 경우 함부로 옮겨서는 안 된다. 소정의 법적 절차를 거쳐 적당한 곳에 보관해야 한다.

IV

케어 서비스

나그네 인생

김수진

인생은 단 한 번뿐인데
우리는 종착역에 가서야
절실하게 받아들이는 것일까

지금 당장 바꿀 수 없는 진리를
온몸으로 받아들인다면
하루하루 공들여지는 날이 될 텐데

우리는 아는 사실조차도
현실로 받아들이지 못하고
어리석은 생각의 굴레를 벗어나지 못한다

오늘이라는 시간이
스쳐 지나가면 마지막이라는 것을
모르는 사람처럼 살아가는

리허설도 각본도 없는 인생길
오직 한 번에 끝내야하는 생방송
지나간 길은 다시 돌아올 수 없는
영원한 나그네의 길

케어 서비스

1. 노노케어 서비스

1) 우리나라 노노케어

(1) 노노케어 용어정리

'노노케어'라는 단어가 있다. 이 용어가 익숙하지 않은 사람도 있을 것이고 많이 들어보았던 사람도 있을 것이다. 실제로 사전에서 노노케어라는 용어를 검색을 해보면 나오지 않는다. 그렇지만 언론이나 네이버, 구글을 통해서 검색해 보면, 우리나라 사회복지정책에서 노노케어라는 용어를 많이 쓰고 있다. 노노케어는 '건강한 노인이 병이나 다른 사유로 도움을 받고자 하는 노인을 돌봄, 혹은 케어가 필요한 노인에게 다양한 케어서비스를 제공하는 활동'이다. 여기에서 건강한 노인이 누구이고, 돌봄이 필요한 노인이 누구일까? 지금 내가 아무리 건강해도 앞으로는 건강을 자신할 수 없다. 따라서 언젠가는 내가 도움을 주는 노인에서 도움을 받게 되는 노인이 될 가능성도 충분히 있다. 그러므로 노노케어서비스가 어떻게 제공되고 활용되는지를 알고 노인의 일자리, 자원봉사, 여가활동 등을 이 서비스와 연관지어서 생각해 볼 필요가 있다.

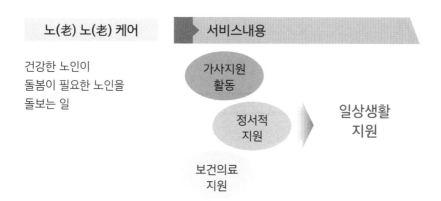

노(老) 노(老) 케어

건강한 노인이
돌봄이 필요한 노인을
돌보는 일

서비스내용

가사지원
활동

정서적
지원

보건의료
지원

일상생활
지원

　　지금 우리나라에서 제공하고 있는 노노케어서비스의 내용들에는 주로 어떤 것들이 있는지, 그리고 서비스를 제공했을 때 힘든 일을 해야 하는 것이 아닌지 등에 대해서 알아보자.

　　첫째로 힘든 일을 해야 하는 것은 아니다. 노인이 자신이 할 수 있는 자신의 역량 그리고 신체활동 범위 내에서 제공할 수 있는 서비스만을 수행한다. 또한 지원을 가서는 일상적인 생활 속에서 필요한 것을 도와주는 가사지원서비스가 있는데 이 가사지원서비스는 음식을 먹기 전 차리는 것부터 청소활동, 세탁활동, 집안 청결과 관련된 것 등 일상생활을 도와주는 활동이다. 그리고 개인이 몸이 불편해서 신체적으로 보조해 주거나 이동에 도움을 주는 것도 가사지원서비스에 해당된다.

　　두번째로는 저출산, 고령사회에 따른 인구절벽에 도달하는 현시대의 이야기를 하고자 한다. 고령화가 진행될수록 나타나는 사회문제로는 사회적인 관계망이 점점 좁아져서 대화할 상대가 없어진다는 것이다. 그래서 최근에 증가하는 고독사 문제, 자살 문제 등에 관심을 가지고 제공하는 서비스가 정서적 지원이다. 간단히 말하면, 잠시 찾아와서 대화하고 이야기를 들어주는 말벗 활동에서부터 좀 더 관심 있는 분야에 대한 책을 읽어 주는 책읽기 활동과 개인이 가지고 있는 심리적인 문제를 조금의 지식과 기술을 갖추어서 상담활동을 하는 활동에 이르기까지, 정서지원 서비스의 직무수준은 조금씩 다르겠지만 기본적으로 이러한 형태들의 서비스가 제공되고 있다.

　　그리고 세 번째는 보건의료지원에 해당되는 영역이다. 병원에서 처방을 받아서 질병에 맞는 약을 복용하는 상태에서, 병원에 갈 때 같이 동행하거나 약국에서 약을 받아서 복용할 수 있도록 지도하는 것이다. 보건의료서비스 영역에서 보자면 노노케어 영역은 전문적인 영역이 아닌 보조적인 역할이다.

현재 우리나라에서 노노케어 서비스로 제공되는 서비스 영역은 크게 이렇게 세 가지이다. 이처럼 일상생활 지원이 대부분인데 최근에는 전문 분야까지 포함하여 내가 가지고 있는 재능과 기술을 활용한 다양한 노노케어서비스 프로그램들이 나오고 있다.

(2) 노노케어 법과 제도

노노케어에는 케어서비스를 제공할 때의 기본적인 원칙들이 있다. 이것과 관련된 전반적인 우리나라 사회복지정책 '노인돌봄기본서비스', '공익형 일자리' 등을 설명하고, 케어서비스 제공자로서 갖추어야 할 기본적인 자세, 소양, 필요한 직무에 대해 이야기하겠다.

우리나라가 고령사회로 진입하면서 생기는 문제들을 방송이나 신문기사로 많이 접하였을 것이다. 인구고령화가 촉진되는 원인은 저출산 현상의 지속이다. 젊은 층이 감소함에 따라 생산가능인구가 줄어든다는 것이다.

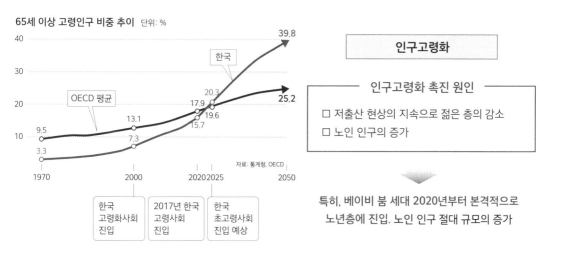

65세 이상 고령인구 비중 추이 단위: %

인구고령화

인구고령화 촉진 원인
- □ 저출산 현상의 지속으로 젊은 층의 감소
- □ 노인 인구의 증가

특히, 베이비 붐 세대 2020년부터 본격적으로 노년층에 진입. 노인 인구 절대 규모의 증가

노인인구가 증가하는 인구고령화 원인은 우리 대부분이 알고 있듯이 우리나라에서 출산율이 굉장히 높았던 시대에 태어난 베이비부머이다. 그 베이비부머들이 이제는 은퇴시점에 도래하여 2020년부터 본격적으로 노인층에 진입하게 되었는데, 그 시점부터 절대적인 노인인구가 늘어난 것은 너무나 당연한 이야기이다. 그렇다면 앞으로 우리가 어떻게 살아야 할 것인가에 대한 진지한 고민을 함께하지 않으면 안 된다. 이렇게 인구변화, 가구변화와 같은 것들이 발생하면 사회경제적으로 어떤 영향을 미치는지에 대해 구체적인 내용을 살펴보도록 하자.

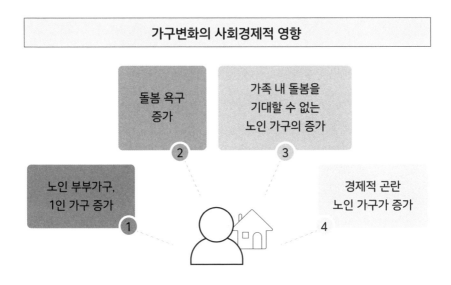

고령화로 인해 더 이상 가족들이 이들을 부양해 주지 못하는 사회문제가 발생하게 되고, 또한 돌봄에 대한 노인세대들의 케어 욕구들은 더욱 커지고 있다. 가족 내의 돌봄을 더 이상 기대할 수 없는 노인 인구는 더 늘어날 것이다. 젊은 시절에 열심히 일해서 번 돈을 저축해서 노후까지도 편안하게 살 수 있는 경우도 있지만, 그렇지 않은 경우들이 대부분이다. 경제적 노인 빈곤가구가 더 증가할 것이라는 내용의 보고서들이 많이 있다. 세계경제개발협력기구(OECD) 국가중에서 대한민국이 차지한 불명예스러운 1위 두 가지는 첫 번째가 노인빈곤율이고, 두 번째가 노인자살률이다. 이것이 대한민국의 현실이자 필연적인 아픔이다. 1인 노인가구의 돌봄

정직한 은퇴설계

욕구가 빠르게 증가하고 있는 사례는 2016년에 조사된 '혼자 사는 노인에 대한 생활실태조사'에서 찾아볼 수 있다. 정서적인 부분과 신체적인 부분을 조사했다. '평소에 우울감을 느끼고 있습니까?' 라는 질문에 대해서 여성과 남성 모두 굉장히 많은 우울감을 느끼고 있었지만, 그 중에서도 여성노인이 훨씬 더 많이 우울감을 느끼고 있다는 결과가 나왔다.

독거노인 생활실태조사결과(2016)

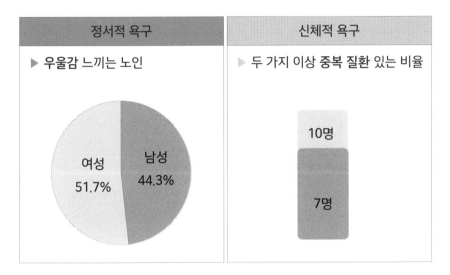

그리고 '신체적으로 건강하십니까?' 라는 질문에는 질환을 앓고 있으며 두 가지 이상 만성적인 질환을 앓고 있다라는 응답이 10명 중에 7명이었다. 이것이 의미하는 것은 인구변화에 따라서 돌봄 수요가 더욱 더 늘어나고 있다는 것이다.

그렇다면 지금 현재의 돌봄 방법은 적절한가? 다양한 돌봄 방법에 대한 접근이 굉장히 중요하고 필요하다. 이 문제를 푸는 것은 쉽지 않으며, 이 문제에 국가가 정책적으로 준비하고, 예방하고, 문제가 발생했을 때 해결하기 위한 노력도 해야 한다. 그리고 노인 스스로가 앞으로 노년기를 어떻게 살아갈 것인가에 대한 고민을 해봐야 한다.

2. 우리나라 노인복지제도를 알자

1) 노인복지제도의 방향

우리나라의 노인복지제도와 정책에 대해서 이야기를 해보자. 먼저 아래 그림
에 나타낸 것처럼 우리나라의 노인복지제도는 크게 건강보장, 소득보장, 주거보장,
사회서비스 지원 등 네 가지 유형으로 구분할 수 있다. 이것에 대한 자세한 내용들
은 보건복지부 홈페이지에 들어가면 확인할 수 있다.

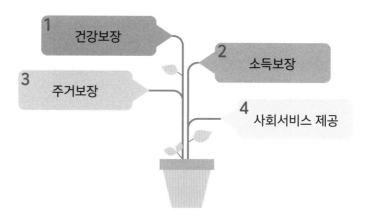

네 가지 유형중에서 첫 번째는 건강이다. 두 번째는 경제적인 부분으로 소득에
대한 보장정책이며, 세 번째는 주거보장이다. 네 번째는 보통 사회복지서비스라고
얘기하는 정서적인 부분이다. 정책적으로 다루지 못하는, 사람과의 관계 속에서 일
어나는 다양한 활동들을 사회서비스라는 큰 카테고리 안에서 다루고 있다. 그럼 구
체적으로 어떤 내용인지 살펴보도록 하자.

2) 노인복지제도 네 가지

첫 번째 건강보장정책의 대표적인 것으로는 노인장기요양보험제도가 있다. 이것은 의료보험, 건강보험처럼 보험료를 내면 노후에 혜택을 받게 되지만, 모든 사람이 다 혜택을 받는 것은 아니다. 일정 부분 조건이 되어야만 노인장기요양보호 혜택을 받을 수 있고, 나머지 부분의 경우에는 내가 보험료를 내더라도 자기 부담을 해야만 요양 보험을 받는 경우도 있다. 그리고 두 번째는 건강보장제도이다. 이것은 재가 서비스라고 해서 집에서 생활하는 노인을 대상으로 거동이 불편한 경우에 일정 부분 요양 서비스를 제공하는 것을 말한다. 그리고 그 토대 위에 노인장기요양보험이라는 재가노인복지사업이 포함되어 있고, 여기에 노인돌봄서비스, 노인돌봄종합서비스가 포함되어 있다. 실제로는 재가노인복지사업의 한 분류이다. 그리고 최근에는 우리나라 치매노인 문제의 심각성을 인식하면서 보건복지부에서 치매 관련된 건강보장정책으로 치매관련센터를 건립하였고, 치매에 대한 사전 예방책, 검진 관련 사업들이 매년 업그레이드되어 정책에 반영되고 있다.

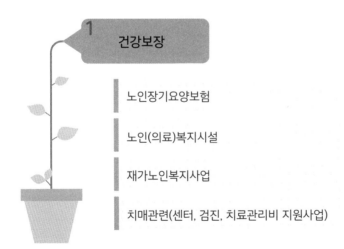

노인복지제도

1 건강보장

노인장기요양보험

노인(의료)복지시설

재가노인복지사업

치매관련(센터, 검진, 치료관리비 지원사업)

두 번째는 소득보장이라고 해서 경제적인 부분이 일정 포함된 복지지원 제도에 관한 것이다. 이들 중에 대표적인 것이 노인 일자리와 사회활동지원사업으로, 실질적으로 액티브시니어라고 불리는 건강한 노인의 경우에는 경제적인 활동을 하게하고 그 활동에 대한 대가를 지불해 주는 제도이다. 세 번째, 주거보장제도는 노인복지시설에서 생활을 할 수 있도록 하는 부분이다. 의료적인 부분의 서비스가 같이 제공되어지면 의료보장영역에 해당되며, 시설 내에서 생활과 의료 두 가지를 하는 경우도 있다. 생활만 하도록 하는 시설은 주거보장제도 안에서의 노인복지시설에 해당되고, 의료적인 부분의 서비스가 같이 제공되면 노인의료복지시설에 해당된다.

노인복지제도

2 소득보장

노인일자리 및 사회활동지원사업

3 주거보장

노인(주거)복지시설

그리고 네 번째로 사회서비스를 제공하는 사업들에는 노인돌봄기본과 종합이 있다. 또 노인여가복지시설로는 경로당과 노인복지관이 있다. 여기서는 실제로 사람들이 생활하는 것이 아니라, 낮 동안에 가서 즐길 수 있는 다양한 프로그램들이 있다. 주변에서 '어느 복지관에서 물리치료, 노래교실 등을 한다'는 이야기를 들어본 적이 있을 것이다. 노인여가복지시설을 운영하는 것도 사회서비스의 영역에 포함된다. 그 외에도 결식노인들이 사회적인 문제가 되면서 결식 우려노인 무료급식 지원을 하는 사업도 있으며, 모든 65세 이상의 노인들에게 교통비를 지원하는 등의 경로 우대제도도 있다.

노인복지제도

4 사회서비스 제공

노인돌봄서비스(기본/종합)

노인여가복지시설

결식우려노인 무료급식지원

경로우대제도

▶▶▶ **노인복지제도의 방향의 요약**

구분	사업명	주요내용
건강보장	노인장기요양보험	- 고령이나 노인성 질병 등으로 목욕이나 집안일 등 일상생활을 혼자서 수행하기 어려운 이들에게 신체활동, 가사지원 등의 서비스를 제공하여 노후생활의 안정과 그 가족의 부담을 덜어주기 위한 사회보험제도 - 대상: 65세 이상 또는 65세 미만 노인성 질병자 대상
	노인(의료) 복지시설	- 요양시설, 노인요양공동생활가정 등 - 대상: 65세 이상

구분	사업명	주요사업
건강보장	재가노인복지사업	- 독립적인 일상생활 수행이 곤란한 노인과 노인부양가정에 서비스 제공을 통해, 건강하고 안정된 노후생활 영위와 노인부양의 가족부담 완화를 위함 - 65세 이상 장기요양급여수급자 - 서비스내용: 방문요양서비스, 주간단기보호 서비스, 방문목욕서비스
	치매안심센터 운영	- 센터역할: 치매초기상담 및 치매조기검진, 1:1 사례관리, 치매단기쉼터 및 치매카페운영, 관련 서비스 안내 등 - 대상: 치매환자 및 가족
	치매검진사업	- 대상: 60세 이상 (기준중위소득120% 이하인 자, 2018년)
	치매치료관리비지원사업	- 대상: 60세 이상 치매환자 (기준중위소득 120% 이하인 자, 2018년)
소득보장	노인일자리 및 사회활동지원사업	- 대상: 65세 이상 노인일자리 사회활동 지원사업 참여 가능한 노인
주거보장	노인(주거) 복지시설	- 대상: 65세 이상 일상생활에 지장이 없는 자
사회서비스 제공	노인돌봄서비스	- 기본서비스: 혼자살고 있는 만 65세이상 노인을 대상으로 안전확인, 생활교육, 서비스연계, 안부확인, 정서적지지, 장례의례지원 등 - 종합서비스: 장기요양보험 등급 외 AB의 노인 전국가구 평균소득 150% 이하 (2018)
	노인여가복지시설	- 경로당: 65세 이상 - 노인복지관 등: 60세 이상
	결식우려노인 무료급식지원	- 60세 이상
	경로우대제도	- 65세 이상 - 서비스 내용: 철도, 전철, 국공립공원 등

3) 돌봄 서비스 정책

건강한 노인이 실제로 케어가 필요한, 즉 돌봄이 필요한 노인에게 서비스를 제공해 주는 부분은 주로 사회서비스 영역에 포함된다. 정책 중에서는 노인돌봄기본서비스, 노인돌봄종합서비스 영역에 많이 해당되는데, 이들 중에 핵심내용만을 뽑아서 어떤 것들이 있는지 살펴보자.

(1) 노인돌봄서비스

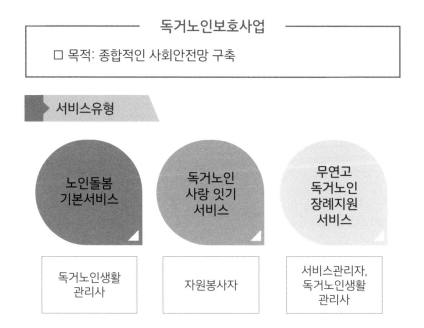

노인돌봄기본서비스가 나타나게 된 이유는 인구변화로 인해 독거노인 수가 급격히 늘어나면서 여러가지 문제들이 발생하였기 때문이다. 그래서 보건복지부에서는 독거노인 보호사업이 하나의 큰 정책 방향으로 자리 잡게 되었다. 목적은 종합적인 사회안전망을 구축하는 것이다. 문제에 처한 독거노인들, 홀몸노인들에 대한 다양한 사회안전망을 구축해야 한다는 큰 목적하에 제도와 정책들이 기획되었다는 것에 유념하며, 구체적으로 어떤 서비스들이 있는지 한번 살펴보자.

① 노인돌봄기본서비스

첫 번째로 노인돌봄기본서비스가 있다. 이 서비스 제공의 주체로는 국가나 지방자치단체, 민간에 위탁해 운영하는 경우, 또는 전문기관에 위탁해서 운영하는 경우가 있다. 노인돌봄기본서비스는 독거노인생활관리사가 노인가정에 방문하여 필요로 하는 서비스를 제공해 주는 것이다.

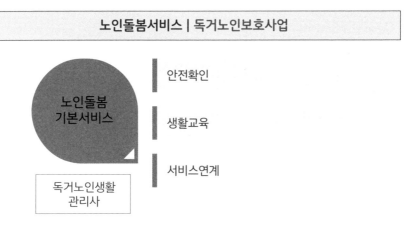

② 독거노인 사랑잇기 서비스

그리고 두 번째로 독거노인 사랑잇기 서비스이다. 독거노인 사랑잇기 서비스는 주로 민간의 자원봉사자에 의해서 지원되며 돌봄의 대상으로 선정되기 이전인 돌봄 예비대상자를 대상으로 한 서비스이다.

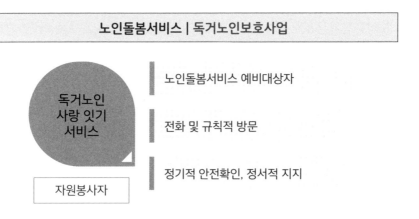

③ 무연고 독거노인 장례지원 서비스

그 외에 무연고 독거노인 장례지원 서비스도 이루어지고 있다. 이것은 민간에 위탁되어지는데 이 위탁기관에 종사하는 사회복지사를 서비스관리자라고 말하고, 서비스관리자가 생활관리사 서비스를 제공한다.

노인돌봄서비스 | 독거노인보호사업

무연고
독거노인
장례지원
서비스

장례의례 서비스 제공

서비스관리자,
독거노인생활
관리사

④ 제공 서비스의 종류

구체적으로 노인돌봄 기본서비스에는 어떤 서비스들이 제공되고 있는지 알아보자. 첫째, 노노케어서비스 종사자를 대상으로 교육을 실시하며 종사자의 범위에는 자원봉사자와 독거노인생활관리사 등이 있다. 실질적으로는 장기요양보험제도의 요양보호사들도 자신이 노인이라면 노노케어에 해당된다. 독거노인 노인돌봄 기본서비스에서 가장 기본인 첫 번째는 안전에 대한 확인이다. 밤새 잘 주무셨는지? 혹시나 어디 미끄러져서 낙상을 했거나, 다쳐서 불편하지는 않은지? 이런 부분에 대한 확인이 가장 중요하다. 이것이 서비스의 주된 내용이다. 두 번째는 일상생활을 하는 데 있어서 항상 도사리고 있는 위험에 대비한 교육이다. 살다 보면 음식을 요리하거나, 가스를 켜거나, 전기 콘센트의 누전에 따른 화재발생 등을 점검하고, 또 집 구석구석에 물건을 쌓아두었다가 넘어져서 사고가 발생하기도 한다. 이런 기본적인 생활을 하는데 있어서의 교육까지 노인돌봄 기본서비스에서 이루어진다. 그리고 무엇보다 현재 혼자 사는 노인에 대한 문제가 무엇인지를 정확하게 파악하고, 독거노인 생활관리사가 직접적으로 제공할 수 없는 서비스 영역이라면 관련된 기관이나 자원과 연결할 수 있도록 정확한 상황을 파악하는 것이 중요하다. 이처럼 세 가지의 서비스가 제공되어 진다.

자원봉사자에 의한 독거노인 사랑잇기는 노인돌봄서비스 예비대상자를 대상으로 하고 있다. 여기서도 마찬가지로 전화통화 및 규칙적인 방문을 통해서 안전을 확인하는 활동들이 주로 이루어진다. 그리고 정기적인 안전확인과 정서적 말벗, 책 낭독과 같은 정서적인 서비스들이 같이 제공된다. 무연고 독거노인 장례지원 서비스는 장례의례를 서비스로 제공해 주는 것이며, 무연고이기 때문에 장례절차를 거치지 않고 방치되는 문제를 방지하고자 이 서비스가 제공된다.

▶▶ **노인돌봄서비스 요약**

구분	세부내용
노인돌봄기본서비스	- 독거노인생활관리사가 주요보호 독거노인에게 정기적인 안전확인 및 정서적지원, 건강·영양관리 등 생활교육, 보건복지서비스 자원발굴, 연계 - 주요서비스 • 안전확인: 주1회 이상 방문, 주2회 이상 전화 • 생활교육: 장수노트, 치매예방교육, 기상특보 대책방안교육 등 • 서비스연계: 정부 및 민간복지 자원 발굴 및 연계 통한 소득, 고용, 권익보호, 건강보장, 영양관리 사회활동 지원 예) 안부확인, 말벗 등 노노케어 서비스, 자원봉사
독거노인사랑잇기 서비스	- 노인돌봄서비스 예비대상자로 민간의 자원봉사자가 전화안부 또는 규칙적인 방문을 통한 정기적 안전확인 및 정서적 지지 - 주요서비스 • 자원봉사자에 의한 주 2회 전화, 안부확인 및 정서적 지지 등
무연고 독거노인 장례지원서비스	- 서비스관리자 및 독거노인생활관리사가 상주하여 장례의례 서비스 제공 - 서비스 절차: 대상자조사→사망자발생→신고와 보고→무연고확정→장례준비→장례지원→민간자원 연계

(2) 노인돌봄종합서비스

① 노인돌봄종합서비스의 종류

노인돌봄종합서비스는 노후생활에 대한 보장 그리고 가족에 대한 사회경제적인 활동기반을 조성해 주고자 하는 서비스다. 만 65세 이상의 노인 중에서 서비스를 필요로 하는 이가 대상이며 자격요건은 별도이다. 서비스유형을 살펴보면 앞에서 설명한 돌봄기본서비스와 돌봄종합서비스의 질적인 부분과 내용적인 부분에서 조금 다르지만 큰 방향은 유사하다.

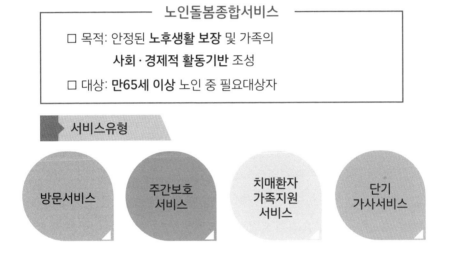

노인돌봄종합서비스에서는 방문하는 서비스와 함께 부가적으로 낮 동안 보호해주는 데이케어 센터, 치매환자에 대한 가족지원서비스들을 제공한다. 단기 가사서비스도 제공한다. 방문서비스에서는 노인돌보미가 방문을 하는데, 2018년 기준으로 독거노인 대상 노인돌봄종합서비스에서 방문 서비스 내용을 한번 살펴보도록 하자.

② 일일 방문 기준 시간

방문 기준은 1회 2시간 이상으로 지정되어 있고, 주로 신변이나 일상적·신체적인 활동을 할 때 지원을 해주는 역할을 한다. 신변이라는 것은 쉽게 말하면 세수를 한다든지, 화장실을 간다든지, 옷을 입는다든지와 같은 일상생활 동작에 필요한 활동이라고 이해하면 된다. 그리고 그 외에 가사나 일상생활 지원 같은 서비스가 제공되고 있다. 또한 주간보호라고 해서 아이들이 노는 유치원처럼 노인들이 노는 유치원을 노치원(또는 어르신유치원)을 운영하기도 한다.

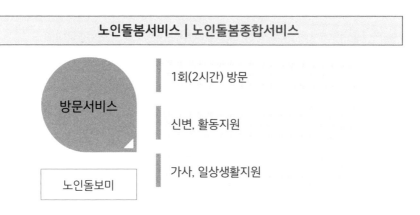

주간호보서비스는 낮 시간 동안 다양한 프로그램을 제공해서 하루하루를 보람 있고 즐겁게 보낼 수 있도록 해 주는 서비스를 말한다. 이 서비스와 함께 2018년부터 제공되는 송영서비스가 있는데, 집에서 주간보호센터까지 오고 가는 것을 지원해주는 서비스이다. 주간보호서비스에서는 심신이 행복할 수 있도록 다양한 프로그램과 급식이라든지 목욕서비스까지 제공한다. 그 외 노인 가족 교육이나 상담, 치매환자 가족지원서비스 등의 다양한 제도정책들이 나오고 있다. 그래서 2018년 기준에는 치매가족에 대한 휴가지원제도로 연간 6일이내의 휴가를 지원해주기도 했다. 단기가사 서비스는 실제로 1일 최대 3시간 내에서 신변 활동이나 일상생활지원을 해주는 서비스이다.

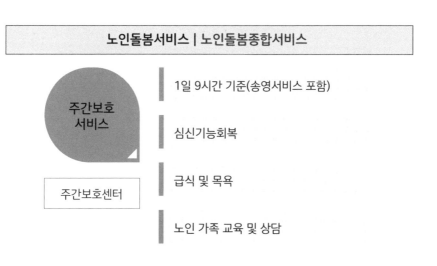

노인돌봄서비스 | 노인돌봄종합서비스

치매환자 가족지원 서비스

치매가족휴가지원
: 연간 6일 범위 내(2018)

단기 가사서비스

1일 최대 3시간
신변활동, 일상생활지원

▶▶ 노인돌봄종합서비스 요약

구분	세부내용
방문서비스	- 노인돌보미 1회(2시간) 방문 - 주요서비스 • 신변·활동지원: 식사도움, 세면도움, 옷 갈아입히기, 구강관리, 신체기능의 유지, 화장실 이용도움, 외출동행, 목욕보조 등 • 가사·일상생활지원: 취사, 생활필수품 구매, 청소, 세탁 등
주간보호서비스	- 1일 9시간 기준(송영서비스 포함) - 주요서비스 • 심신기능회복: 여가생활 서비스, 기능훈련(물리, 작업, 언어치료 등) • 급식 및 목욕, 노인 가족에 대한 교육 및 상담 • 송영서비스 등
치매환자가족 지원서비스	- 치매가족휴가지원: 연간 6일 범위 내(2018)
단기가사서비스	- 1일 최대 3시간 기본 - 주요서비스 • 신변활동지원: 식사도움, 옷 갈아입히기, 외출동행 등 • 가사일상생활지원: 취사, 생활필수품 구매, 청소, 세탁 등

4) 노인일자리 및 사회활동 지원사업

(1) 경제적 지원제도

노노케어의 핵심인 노인 일자리와 사회활동지원사업에 대해 알아보자. 우리 나라의 실질적인 경제적인 지원 제도로서 노인 일자리 지원사업이 있다. 먼저 노인 일자리와 사회활동지원사업에 대한 사업개요를 살펴보고 세부 내용을 설명하도록 하겠다.

노인일자리와 사회활동지원사업의 사업개요

사업목적

활기차고 건강한
노후생활 영위를
위한 일자리,
사회활동 지원

사업내용

노인사회활동,
노인일자리

기본적으로 노인 일자리 사업의 목적은 보다 활기차고 건강한 노후생활 영위 이며 사업 운영의 주체는 보건복지부이다. 노인일자리 사회활동지원사업에는 구 체적으로 어떤 내용들이 있는지 살펴보겠다. 크게 두 가지로 나누어 볼 수 있다. 첫 번째는 노인의 사회활동을 지원해주는 사업으로, 노인일자리와 사업명이 같다. 일 자리라는 것은 자유로운 경제활동이 이루어지는 시장에서 젊은층이든 노인층이든 함께 일을 하는 형태이다. 그리고 복지적 성향 및 복지 형태를 띤 부분의 사회활동 은 모두 공익형 활동이다.

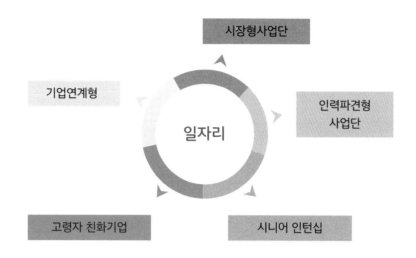

일자리 지원사업

시장형사업단

인력파견형
사업단

일자리

기업연계형

고령자 친화기업

시니어 인턴십

(2) 일자리 지원사업의 다섯 가지 유형

일자리는 크게 다섯 가지로 나눠진다. 첫째, 시장형사업단이다. 시장형사업단은 정부가 정책적으로 노인을 대상으로 일자리를 모집하는 것이다. 그래서 그 사업을 할 수 있는 시장도 모으고, 일을 하려는 노인들의 신청을 받아서 서로 매칭해주는 시장형사업단을 구성하여 일자리를 지원해 주는 형태로 진행된다. 인력 파견사업단에서는 특정 기술이나 재능을 가지고 있는 노인들을 집단으로 모아서, 특정 기업이나 회사에 파견해 준다. 세 번째는 시니어인턴십으로 대학생들이 인턴십을 하는 것처럼 어떤 기업에 가서 인턴십 형태로 일을 하는 것이다. 실제로 일자리가 지원되기도 한다. 고령자 친화 기업을 국가에서 육성하여, 노인들이 일을 할 수 있도록 그 기업에서 일자리를 직접 만들어 주는 형태도 있다. 여기서는 아주 대표적인 것만 설명을 했지만 노인 일자리에는 다양한 분야가 있다는 점을 기억하자. 이렇게 크게 네 가지가 시장 외에서 이루어지는 일자리 지원사업유형이다. 마지막으로 기업연계형은 다른 유형과는 조금 다르게 기존의 기업에서 아예 일자리를 만들게 하는 것이다. 그래서 일반 시장에서의 일과 조금은 차이가 있지만 기업들이 자체적으로 노인을 대상으로 한 일자리를 만들도록 하여 그곳에서 일을 하게 하는 형태이다.

전체적으로 일자리 지원사업은 다섯 가지 유형으로 나누어진다. 노노케어 서비스에 있어서 주로 노인 일자리 부분은 본인이 노동을 하는 노동 중심과 다음에 설명할 사회활동지원사업으로서의 공익형 일자리가 있다. 아래 표는 이러한 일자리에 대해서 요약해 놓은 것이다.

▶▶▶ 노인일자리 및 사회활동 지원사업 요약

구분	유형		주요내용
사회활동	공익활동		- 노인의 자기만족과 성취감향상, 지역사회 공익증진을 위해 자발적으로 참여하는 봉사활동
	재능나눔활동		- 재능을 보유한 노인의 자기만족과 성취감 향상, 봉사 성격의 각종 활동
일자리	시장형	시장형 사업단	- 인건비 일부 보충지원하고 추가사업수익으로 연중 운영하는 노인일자리
		인력파견형 사업단	- 수요처의 요구에 의해 연계하여 근무기간에 대한 일정 임금을 지급받을 수 있는 일자리
		시니어 인터십	- 만60세 이상 노인에게 일할 기회제공, 직업능력강화 및 재취업기회촉진
		고령자 친화기업	- 고령자 적합 직종의 고령자 고용기업 설립지원
		기업연계형	- 기업이 노인일자리 창출·유지하는 데 필요한 직무모델 개발, 설비 구입 및 설치, 4대 보험료 등 간접비용 지원

(3) 공익활동

노인이 자기만족과 성취감 향상, 지역사회 공익증진을 위해 자발적으로 참여하는 봉사활동으로는 공익활동이 있다. 이것에 대해서 자세히 알아보자.

사회활동 일자리는 일반적으로 하루에 아침 9시부터 6시까지 근무를 한다. 일반 직업은 아니지만 복지의 형태를 띠고 있어서 공공형·공익형이라고 한다. 공익활동을 하는 데 일정 부분 대가를 국가에서 예산을 지원해 주는 형태이며, 공익활동형과 재능나눔활동 유형이 있다. 이렇게 사회활동을 할 때는 참여형과 공공형 일자리로 나누어진다. 우리나라의 보건복지부 노인복지사업 일환으로, 특히 사회활동지원사업 일환으로 공익형 일자리 중에 노노케어서비스가 있다.

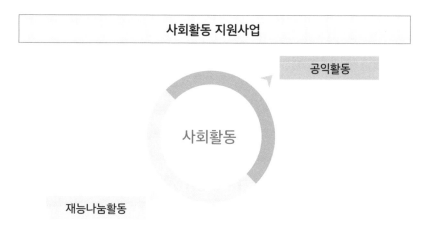

공익활동 노노케어서비스는 주로 독거노인이나 조손가정을 위한 것으로, 손주만을 데리고 사는 노인, 거동이 불편한 노인, 경증 치매 노인, 취약 노인 가정에 방문해서 그들의 일상생활이나 신변, 혹은 정서적인 서비스를 제공해 주는 활동이다. 이 노노케어서비스는 일상생활을 안정적으로 유지할 수 있도록 안부확인, 말벗, 생활 안전에 대한 점검 등 필요한 서비스를 제공한다.

사회활동 지원사업

공익활동 1

┌─────────── 노노케어 ───────────┐
☐ 독거노인, 조손가정 노인, 거동불편 노인, 경증치매 노인 등
　 취약노인 가정을 방문
☐ 일상생활을 안정적으로 유지할 수 있도록 안부확인, 말벗 및
　 생활 안전 점검 등 필요한 서비스를 제공하는 활동
└────────────────────────────────┘

또 장애인과 다문화가정, 한부모가정 아동 등의 취약계층에게 주로 상담교육, 정서적인 지원 등 필요한 서비스를 제공하는 활동이 공익활동의 두 번째 유형 취약계층지원 사업이다. 취약계층들을 대상으로 하는 일자리도 있다.

사회활동 지원사업

공익활동 2

— 취약계층지원 —

☐ 장애인, 다문화 가정, 한부모 가족 아동 등 취약계층에게
상담·교육 및 정서적 지원 등 필요한 서비스를 제공하는 활동

공공시설봉사는, 사회복지시설이나 공공의료시설, 혹은 교육시설, 보육시설 그리고 지역의 주거 환경이나, 생태 환경 정화 등의 활동을 지역 내에 제공하기 위한 활동이다. 우리나라만의 독특한 제도이다. 해당 사업은 일자리와 사회활동에 대해서 일정 부분 예산을 정부에서 지원해 주는 사업이기 때문에 공익활동으로서의 시설봉사를 하게 되면 일정 부분 대가로서의 금액이 지불된다. 그래서 공공시설봉사는 자원봉사로 보지 않는다.

사회활동 지원사업

공익활동 3

— 공공시설봉사 —

☐ 복지시설, 공공의료시설, 교육(보육)시설,
지역 내 주거환경 및 생태환경 정화 등
지역사회 내 필요한 공익서비스를 제공하기 위해
필요한 각종 사항을 지원하는 활동

경륜전수활동은 주로 노인의 경험과 지식, 삶의 지혜를 동세대와 세대 간 지역 공동체 구성원들과 공유하는 활동이다. 실질적으로 노인일자리 사회활동지원사업은 노인의 일자리 그리고 생계 지원을 위한 서비스가 제공된다.

사회활동 지원사업

공익활동 4

──── **경륜전수활동** ────

□ 노인의 경험과 지식, 삶의 지혜를 동세대, 아동·청소년 세대 등 지역공동체 구성원들과 공유하는 활동

▶▶▷ **공익활동 요약**

구분	세부내용
노노케어	- 독거노인, 조손가정 노인, 거동불편 노인, 경증치매 노인 등 취약노인 가정을 방문하여 일상생활을 안정적으로 유지할 수 있도록 안부확인, 말벗 및 생활 안전 점검 등 필요한 서비스를 제공하는 활동
취약계층지원	- 장애인, 다문화 가정, 한부모 가족 아동 등 취약계층에게 상담·교육 및 정서적 지원 등 필요한 서비스를 제공하는 활동
공공시설봉사	- 복지시설, 공공의료시설, 교육(보육)시설, 지역 내 주거환경 및 생태환경 정화 등 지역사회 내 필요한 공익서비스를 제공하기 위해 필요한 각종사항을 지원하는 활동
경륜전수활동	- 노인의 경험과 지식, 삶의 지혜를 동세대, 아동·청소년 세대 등 지역공동체 구성원들과 공유하는활동

5) 노인의 사회활동 지원사업중 공익형 활동

(1) 공익활동 노노케어서비스

일자리 중심의 공익활동 '노노케어서비스' 활동에 대해서 알아보자. 노노케어서비스는 정부의 재정사업으로 이루어지며, 구체적인 운영에 대한 개요는 2019년

보건복지부의 지침을 중심으로 설명할 수 있다. 먼저 운영기간은 연중 12개월(1년) 또는 9개월의 두 가지 형태로 나누어진다. 참여자 활동 시간은 12개월이나 9개월 모두 월 30시간 이상, 일일은 3시간 이내로 활동을 하도록 제한을 하고 있다. 시간 제한을 두는 이유는 복지적인 성격이 있기 때문이다. 노인일자리 중 시장형일자리 이든 기업연계형일자리이든 시장과 연계된 일자리는 노동력이 필요한 부분이 있다. 그래서 어르신, 노인의 신체적인 부분도 고려해서 월 30시간 이상, 일일 3시간 이내에서 최소한 한달에 10일에서 15일 정도 활동하게 한다.

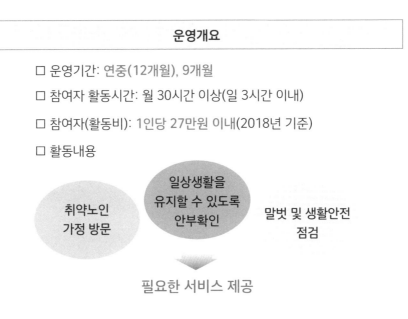

여기서 말하는 공익활동 일자리는 노인의 경제생활에 일정부분 지원을 하기 때문에 많은 참여자들에게 혜택이 돌아갈 수 있도록 하고 있다. 그리고 참여자에 대해서는 2019년 기준으로 1인당 27만원 이내의 활동비가 지급된다. 시간과 활동 일수에 따라서 활동비는 차등하게 지급된다.

(2) 노노케어서비스 참여자와 수혜자

① 가정방문
노노케어서비스 참여자의 활동 첫 번째는 안전점검을 위해 취약노인의 집을

방문해서 밤 사이 건강하게 잘 주무시고 일어나셨는지 안부도 확인하고 어디 불편한 곳이 없는지 등을 물어보며 안전에 관한 것들을 확인하는 업무이다. 두 번째는 일상생활을 유지할 수 있도록 안부를 확인하는 것이다. 방문을 했을 때, 생활안전점검을 해서 가스유출, 전기 콘센트, 플러그 등을 체크리스트를 통해 점검하고, 또 취약계층 노인에게 필요한 것이 무엇인지를 확인하는 서비스이다. 노노케어서비스 활동을 하는 노노케어서비스 종사자가 해야하는 역할은 이와 같이 큰 일감이 아닌 소일거리이다.

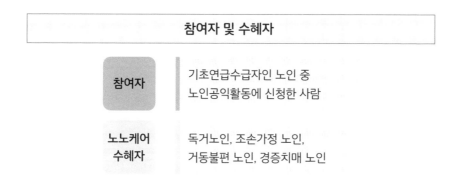

참여자들은 노노케어서비스를 제공하는 제공자들이다. 누구나 참여할 수는 없고 제한이 있다. 기초연금수급자 노인 중에서 노인공익활동에 신청한 사람들만이 대상이고, 신청하지 않으면 서비스 제공자로 참여할 수 없다. 신청자들 중에 일정요건에 맞는 사람이 선발된다. 경쟁률이 높은 경우에는 연장자 우선으로 고령의 노인이 참여하게 될 가능성이 높다. 따라서 케어가 필요한 노인이 오히려 케어를 하는 상황이 발생하기도 한다.

주로 참여자가 활동을 하게 되는 수요처는 비영리단체 또는 기관들이고 노인공익활동서비스를 제공받고자하는 기관에 신청하면 된다. 사업의 주체기관은 보건복지부이고 주관기관은 시·도 등 지방자치단체이다. 시·도 지방자치단체가 사업공고를 내서 수요처 신청을 받게 되므로 노노케어서비스를 제공하고 싶다면 보건복지부나, 지방자치단체가 아닌 이 서비스를 제공하는 수요기관을 찾아가야 한다. 이 수요기관들은 지역마다 조금씩 다르다. 대전시의 경우는 주로 노인복지관,

혹은 노인일자리 사업을 하는 곳, 시니어클럽, 대한노인회 노인취업센터이다. 이처럼 조금씩 지역마다 차이가 있어서 특정기관이 어디라고 단정지어 말하기란 어렵다. 그렇지만 노노케어서비스 참여자를 모집한다는 것은 언론이나 홈페이지를 통해서 굉장히 많이 공고하고 있다. 조금만 관심있게 지켜본다면 이런 정보는 쉽게 얻을 수 있을 것이다.

그러면 노노케어서비스를 필요로 하는 클라이언트, 수혜자는 누구인가. 정부에서 서비스를 제공해주는 대상자 기준인, 취약한 개인, 공익활동서비스 필요자라고 말할 수 있다. 그 요건들이 부합되어야만 서비스를 제공받을 수 있다. 구체적인 노노케어서비스 수혜자들은 취약한 개인, 공익활동서비스가 필요한 독거노인, 조손가정노인, 거동불편노인, 경증치매노인 중에서 실제적으로 경제적 상황과 여러 가지 요건들이 부합되는 이들이다.

② 수요처와 참여자의 매칭

수요처가 있고, 참여자가 있고, 수혜자가 있는 3자관계가 이루어지기 때문에 수요처와 참여자 간의 매칭이 굉장히 중요하다. 매칭을 위해서는 이 참여자가 희망하는 활동에 대해서 구체적으로 현재 노노케어서비스 활동을 할 수 있는지 없는지에 대한 점검이 필요하다. 먼저 활동상담이 이루어지고 그 다음 수요처의 수요를 반영해서 매칭이 되는 과정을 거친다. 이런 매칭 활동은 쉽고 간단한 상황은 아니다. 실제 현장에서 이루어지고 있는 내용들은 언론이나 기관 소식지들을 통해서 많이 접할 수 있으므로, 이론적으로 어떤 절차와 방법에 따라서 매칭이 이루어지는지 유심히 살피도록 하자.

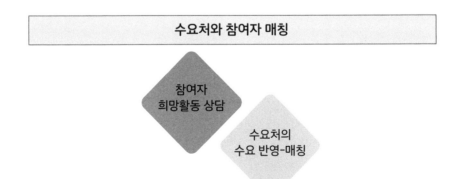

수요처와 참여자 매칭

참여자 희망활동 상담

수요처의 수요 반영-매칭

③ 활동방법

노노케어서비스 활동을 하는 데 있어서 기본원칙은 참여자(서비스를 제공하는 사람) 보호를 위해서 2인 1조로 활동하는 것이다. 독거노인 가정을 방문할 때 혼자 갔을 때 일어나는 사고들에 대비하여 보험 가입과 2인 1조로 활동을 원칙으로 하고 있다. 그리고 하나의 서비스를 제공받는 수혜자가 다른 서비스를 중복으로는 제공받을 수 없다. 이 두 가지의 기본 원칙에 따라서 노노케어서비스 활동이 이루어진다. 또한 노노케어서비스에 참여하기 위해서는 반드시 교육을 받아야 한다. 교육프로그램에 대한 개요와 활동방법 등에 대한 교육은 1년에 12시간 이상의 기본교육이다. 여기에 덧붙여 노노케어서비스 종사자 활동 중 안전사고 예방을 위한 안전교육, 가정방문을 했을 때 노인 가정의 안전점검을 어떻게 할 것인가에 대한 내용으로 연 2시간 이상 교육도 받게 된다.

활동방법

▲ **참여자 보호** 위해
2인 1조 활동

◤ **중복 수혜자 배제**

┌─── **활동(기본)교육** ───┐

□ 프로그램 개요, 활동방법 등
  연간 12시간 이상
□ 안전교육(활동 중 안전사고 예방),
  연간 2시간 이상

---

④ 사업추진 절차

그렇다면 사업추진 단계별 절차가 어떻게 이루어지는지를 알아보자. 이 사업이 추진되는 전체 그림은 아래와 같다. 참여자는 반드시 모집공고를 보고 신청을 해야 선정될 수 있고 활동할 수 있다는 점을 꼭 명심하길 바란다.

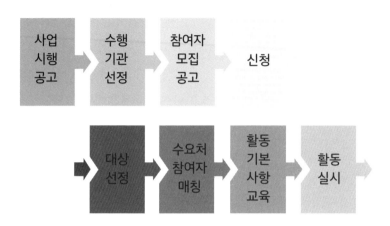

사업추진단계별 절차

사업
시행
공고 → 수행
기관
선정 → 참여자
모집
공고 → 신청

→ 대상
선정 → 수요처
참여자
매칭 → 활동
기본
사항
교육 → 활동
실시 →

마지막으로 공익활동 노노케어서비스 활동에 참여하게 되면 반드시 참여활동
에 대한 기록을 해야하는데, 활동일지를 작성해서 제출해야 활동을 인정 받고 활동
비를 지급받을 수 있다.

▶▶ 노인공익활동 활동일지

기관명	참여사업명
참여자성명	수요처(수혜자명)

연번	활동일	활동시간			활동 내용	활동 장소	참여자 서명	확인자 서명
		시작 (00:00)	종료 (00:00)	총시간				

이제 노노케어서비스 활동 참여분야, 즉 재능나눔활동에 대한 것을 먼저 이야기하고 재능나눔 외에 노노케어를 할 수 있는 자원봉사영역을 간단히 살펴보자. 재능나눔활동도 공익형 일자리의 한 분야로서 재능나눔활동의 목적은 재능을 보유한 노인에게 활동기회를 부여하여 노후 성취감 제고, 건강 및 대인관계 개선을 유도하는 것이다. 공익형 일자리 서비스에서는 특별한 기술을 가지고 있지 않더라도 기본교육과 안전교육을 이수하고 서비스에 참여할 수 있는 요건에 부합되면 선정되고 활동할 수 있다. 그러나 이 재능나눔활동의 대상은 재능을 보유하고 있어야 한다. 구체적 참여대상은 만 65세 이상이면 가능하며, 활동시간은 월 10시간, 월 4회 이상으로 노노케어서비스와는 다르다. 비용도 노노케어서비스보다는 낮고 일일 최대 3시간 이내이다.

(3) 재능나눔활동

재능나눔활동 유형 첫 번째는 안전예방이다. 여기서는 취약노인을 지원하거나, 지역 내 불편시설에 대한 모니터링 활동 등을 수행한다. 따라서 이 분야에 일정부분 지식과 기술이 필요하고, 노하우가 필요한 부분들이 접목되어 노인 안전예방 활동에 참여할 수 있다.

두 번째는 정서적인 부분인 재능나눔활동으로, 상담이나 안내역할이 있다. 상담은 노인상담 포함 일반 상담과 학대나 폭력에 대한 심리치료적인 부분까지 개입하는 상담도 있다. 인권이라는 부분의 상담에 개입하는 경우도 있다. 그 외에 노인을 위한 다양한 재능나눔 형태로 이루어지기도 한다. 본인이 가지고 있는 재능들로 공연을 하거나 악기를 다루거나 전문기술을 가지고 하는 재능나눔활동도 최근에 많이 이루어지고 있다.

한 가지 더 넓은 범위로 노노케어서비스를 이야기한다면 노노케어자원봉사를 추가 할 수 있다. 노노케어자원봉사의 목적은 노인의 적극적 사회참여를 유도하고 노인의 인적자원을 활용하여 노인이 노인을 돌보고, 건강하고 행복하게 살 수 있도록 지원해 줄 수 있는 사회적인 문화나 분위기를 만드는 것이다. 노노케어자원봉사에 참여하는 방법은 크게 세 가지가 있다. 첫 번째는 지역자원센터에 신청하는 방법이고, 두 번째는 국가에서 지원하는 국가봉사단에 신청하는 것이다. 또한 대한노인회가 주관하는 노인자원봉사클럽에 가입해서 활동하는 방법도 있다. 자원봉사 영역에서의 주요 활동유형은 노인이 노인을 케어하는 부분으로 주로 치매와 관련된 예방활동이 최근의 트렌드로 자리 잡고 있다. 치매 초기증상에 대해서 알고, 치매예방 체조법과 이것들을 보급하기 위한 활동들이 있다. 건강증진 활동으로 금연, 혈장관리, 생활습관개선과 만성질환 예방캠페인 등이 있어서, 자원봉사영역의 내용이 풍성해 보인다. 복지영역은 당장 시급한 문제에 개입할 수밖에 없지만, 자원봉사영역은 복지와 생활 모두에 있어서 좀 더 삶의 만족을 높이기 위해서 접근할 수 있기 때문이다. 그 외에 우울·자살예방활동이 있고, 자살예방스크리닝, 행복플러스 활동, 정책적으로 프로그램을 만들어서 운영을 하기도 한다. 노노케어자원봉사활동도 활동일지를 작성해서 제출해야 봉사시간을 인정받을 수 있다.

V

1. 실버의 창업도전

실버창업

기억이 추억한다

김수진

산다는 건, 잊혀지는 일이다
흐르는 시간에 매 순간들을 떠나보내야 한다

기억의 더듬이로 남기고 싶은 날들을
세월의 망망대해에서 건져내야 한다

시간과 시간 사이에서 기억이 오고 가고
생각과 생각 사이에서 추억이 오고 간다

기억이라는 것이 모두 다 아름답지는 않지만
흔들어 깨운 시절은 비단결처럼 아름답다

삶의 터널에서 추억의 다리 건너편에
늘 소중한 사람이 서 있다

산다는 건, 기억이 추억한다

PART 5 실버창업

1. 실버의 창업도전

1) 실버창업을 위한 준비상황 점검 자가진단시트

실버로서 창업을 하는 데 있어 준비상황이 필요한 이유에 대한 대답을 이 파트에서 찾을 수 있을 것이다. 실버 창업자는 여기에서 제시된 자가진단시트를 작성해보고 자신의 창업계획을 남들에게, 그리고 자신에게 말할 수 있는 한 장짜리 시트를 작성해 보도록 하자. 이 파트의 첫 번째 목적은 예비창업자가 자신이 창업하려고 하는 대상사업을 정성적으로 고민하게 하는 것이다. 둘째는 창업현황 요약표를 만드는 과정을 통해서 막연한 창업 계획을 구체화할 수 있도록 지원하는 것이다.

개인별로 창업하려고 계획한 사업을 이 파트에서 제시하는 자가진단시트에 작성을 하면 본인이 가지고 있는 생각을 요약표로 정리할 수 있다. 반드시 따라서 작성해보길 바란다.

(1) 창업목표를 작성한다.

> **1** 창업사업의 목표는 무엇입니까?
> ....

> **2** 미래 비전은 무엇입니까?
> ....

▷ 작성 시 참고사항

• 사업목표는 3~5년 후 구체적이고 달성 가능한 목표로 제시되어야 한다.

예) 반도체용 광학 측정장비 국산화를 통해 5년 후 매출 100억원 달성 보안 틈 새시장을 새로이 개척함으로써 3년 후 매출 50억원 달성

• 비전이란 기업이 추구하는 바람직한 미래상을 말하며, 기업이 사회에 존재 하는 이유와 가치를 나타내며 지속가능 기업에게 꼭 필요한 요소이다. 비전 이 없다면 어디로 갈지 몰라 헤매는 배와 같이 상황에 따라 흔들리기 쉽기 때 문이다.

예) 헬스케어 분야를 이끌어가는 마켓 리더, 국내 바이오 진단 분야를 대표하 는 기술기업, 종업원 스스로의 역량을 최고로 발휘하게 돕는 기업 등

(2) 창업 아이템은 무엇입니까?

> **1** 창업하려는 사업은 무엇입니까?
> ....

> **2** 사업아이템의 원천기술은 무엇입니까?
> ....

> **3** 사업아이템의 예상 주력제품은 무엇입니까?
> ....

▷ 작성 시 참고사항

• 사업 아이템을 선정할 적에는 자신의 경험, 능력, 성격, 자금 규모 외에 주력 제품에 대한 수요, 경쟁자 현황, 수익성과 성장가능성 등을 충분히 검토하여야 한다.

• 원천기술이란 제품화할 수 있는 일반화되지 않는 특별한 기술을 말하며, 다음과 같은 특징을 보유하고 있다.

　① 나만이 보유한 차별적인 기술

　② 경쟁자가 개발하기 어려운 기술

　③ 여러 응용분야에 공통적으로 적용할 수 있는 핵심 기술

• 주력제품이란 창업아이템의 매출 및 이익에 가장 크게 영향을 미칠 것으로 예상되는 주축 제품으로서, 창업기업의 향후 경쟁력이자 사업의 기반이 될 제품을 말한다.

(3) 시장 상황에 대한 준비는 되어 있는가?

| 1 | 주력제품의 예상 표적시장은 어디입니까? |

| 2 | 주력제품의 예상 핵심경쟁자는 누구입니까? |

| 3 | 주력제품의 예상 표적고객은 누구입니까? |

▷ 작성 시 참고사항

• 표적시장(Target Market)이란 세분시장(Market Segments) 중에서 경쟁상황을 고려했을 때 창업기업이 경쟁우위에 설 수 있도록 가장 좋은 기회를 제공해줄 수 있는 특화된 시장을 말한다.

• 핵심경쟁자란 표적시장에서 동일한 고객을 대상으로 창업기업과 첨예하게 경쟁할 경쟁자를 말한다.

- 표적고객이란 창업기업이 제품판매 대상자로 명확하게 정한 유사한 특성을 지닌 소비자 집단을 말하며, 창업기업의 경우 현재 사업을 운영하고 있지 않기 때문에 미래 고객이 될 집단을 말한다.

(4) 창업자 역량은 어떠한가?

1 자금과 인력이 부족해도 홀로 사업을 개척·운영할 수 있습니까?

2 예비창업자 스스로 마케팅 전략을 수립할 수 있습니까?

3 창업관련분야의 전문기술 또는 지식을 보유하고 있습니까?

4 예비창업자 스스로 자금계획서(경영계획서)를 작성할 수 있습니까?

▷ 작성 시 참고사항
- 창업자의 역량은 창업의 성공을 좌우하는 핵심 요소이다. 현재 자신의 자질과 상황을 객관적으로 보는 것이 필요하다.
- 특히, 기술기반기업 창업을 성공적으로 이끌기 위해선 과감히 도전하는 혁신적이고 창의적인 기업가 정신, 기술 전문성, 마케팅 역량과 경영관리 역량이 필요하다.
- 일반적으로 CEO 역량은 다음과 같이 여섯 가지 요소로 파악할 수 있다. 리더십(조직장악력), 비전제시능력, 열정(추진력), 전문성, 경영관리역량, 전략적 사고력이 그것이다. 미래를 계획할 수 있는 경영관리역량을 알아보기 위해 재무계획을 중심으로 한 자금계획서를 작성할 수 있는지 파악한다.

(5) 창업 준비는 되어 있는가?

| 1 | 원천기술을 보유하였거나 보유하기 용이합니까? |

| 2 | 창업 자금은 보유하고 있습니까? |

| 3 | 회사를 운영할 조직은 구성할 수 있습니까? |

| 4 | 면허, 허가, 세무, 기타 법적 요건 등으로 인해 창업하는 데 어려움은 없습니까? |

▷ 작성 시 참고사항

• 창업할 수 있는 준비가 되어 있는지 알아본다.
• 기술적 측면에서 원천기술이 없거나 보유하기 어렵다면 기술기반기업으로 성공하기 어렵다.
• 재무적 측면에서 예비창업자의 창업자금 없이 창업하기 어렵다. 최소한 사업에 필요한 자금의 20~30% 수준을 준비하고 있거나, 마련할 계획이 있어야 한다.
• 창업이 성공하기 위해선 임직원 수준도 중요하다.
• 사업에 따라 면허, 허가 등의 법적인 자격요건이 있을 수 있으며 예비창업자의 법률, 세무적 요인으로 인해 창업이 어려울 수도 있으니 이 역시 판단하는 데 참고하여야 한다.

(6) 완성된 창업현황요약표

창업현황요약표는 창업자가 마음속으로 생각해온 것을 정성적으로 표현해서 문서로 만든 것으로, 이것이 창업을 위한 사업계획을 만드는 첫 번째 단계이다. 그리고 이 요약표는 창업자의 사업내용을 제삼자에게 쉽게 설명할 수 있는 기초자료로서 창업자의 사업에 대한 신뢰를 높일 수 있는 중요한 자료이다.

창업현황요약표에는 회사의 비전과 목표 등이 나타나 있으며, 사업의 아이템, 시장, 창업자 역량을 검토하고 준비가 되었다는 것을 보여주고 있다. 창업하려는 사업 및 창업계획에 대해 창업자 스스로 검토 할 수 있으며, 대상사업을 객관적으로 파악할 수 있도록 해서 제삼자를 설득하기가 용이하다.

▶▶ **창업계획 현황**

비전		
목표		

아이템		
	원천기술	
	주력제품	

표적시장		
	경쟁자	
	표적고객	

창업자 역량	기업가정신	
	마케팅역량	
	전문성	
	경영관리	

창업준비	기술측면	
	재무측면	
	인사측면	
	기타	

정직한 은퇴설계

2) 실버창업자금의 조달과 정부의 지원사업

(1) 사업아이디어는 있는데 자금이 없을 때

일반적으로 창업을 할 때 가장 중요한 것은 '자금'이다. 그런데 그 자금을 마련하는 게 쉽지가 않다. 모아놓은 종잣돈이 있는 경우가 아니라면 기껏해야 금융권에서 융자, 즉 대출을 받거나 벤처캐피탈 등의 투자회사로부터 투자자금을 받는 정도가 가장 일반적인데, 이 두 가지 모두 쉬운 일이 아니다.

은행으로부터 융자를 받는 방법은 담보할 수 있는 본인 명의의 부동산이나 보증인 등을 필요로 하기 때문에 자금조달이 쉽지 않고, 설령 신용대출을 한다 해도 사업중단 시 크게 낭패를 볼 수 있다. 그리고 벤처캐피탈이나 엔젤 등에서 투자자금을 받는 방법은 기업설명회(IR)를 통해서 회사의 비즈니스 모델을 투자자에게 홍보하여 자금을 끌어오는 것이기 때문에 은행에서 융자를 받는 방법보다 더욱 어렵다.

그러나 이 두 가지 방법 중에서 하나를 추진하고 싶다면 어렵더라도 '투자자금을 유치하는 방법'을 추천한다. 기업이 성장하는 데 있어서 투자자금을 조달해야 하는 일은 언젠가는 해야만 할 통과 의례이고, 투자받은 자금을 돌려주어야 하는 조건이 아니라면 대체로 투자자금을 받는 것이 은행에서 융자를 받는 것보다는 유리하기 때문이다. 또한 은행 융자는 사업이 흥하든 망하든 상환의무를 벗어날 수가 없기 때문에 사업이 어려워져 자금 사정이 좋지 않을 경우 곤혹을 치르게 된다. 실제로 문을 닫은 대부분의 회사는 부채로 말미암아 대표이사 등 보증에 관련한 사람들이 대부분 신용불량자가 되어 재기가 불가능할 정도로 심각한 후유증에 시달리고 있다.

① 아이디어가 있다면 정부지원금을 노려라.

그러나 다행스럽게도 이 두 가지 자금조달 방법외에 독자 여러분이 미처 생각하지 못한 또 하나의 자금조달방법이 있다. 바로 '정부지원금'이다. 정부에서는 매년 십수 조원의 예산을 창업자와 중소벤처기업들을 위해 지원하고 있는데, 이를 정부지원금이라 하고 창업자들에게는 '창업지원금', 중소벤처기업들에게는 '기술개발지원금(R&D 지원금)'이라고 구분하여 지원한다.

창업지원금은 창업자에게 간단한 아이디어에서부터 완성도가 있는 제품이나 사업아이템을 만들고, 비즈니스까지 이어질 수 있도록 도와주는 자금이다. 그러나 지원되는 분야는 다소 좁다. 각 지원사업의 공고문을 보면 지원되는 분야를 알 수 있는데, 대체로 숙박업이나 온라인 쇼핑몰, 프랜차이즈업 등의 창업은 지원대상이 될 수 없다. 주로 사업화에 적합한 아이디어이며, 그 아이디어를 구체화시키면 인력도 채용하고 사업 규모도 확장시킬 수 있을 것 같은 제조 및 지식서비스 기반의 사업아이템을 지원한다. 자금이 없어 사업화를 접어두고 있는 개인들에게 정부가 도움을 주어 사업화를 이룰 수 있도록 도와주는 것이다.

반면 기술개발지원금은 신기술, 신제품 및 공정혁신 등에 소요되는 기술개발 비용 때문에 어려움을 겪는 중소벤처기업들을 지원하여, 기술경쟁력을 향상시키고 상품화를 하는 데 도움을 주고자 하는 자금이다. 따라서 창업자나 중소벤처기업 모두 사업으로 구체화시키고 싶은 아이디어가 있다면 그 희망의 동아줄을 잡아당겨볼 필요가 있다. 정부지원금은 지원금의 성격 상 '출연'과 '융자' 두 가지로 구분할 수 있다. 이 중 출연은 창업지원금과 기술개발지원금을 전제로 무상 또는 무이자로 지원하는 보조금의 성격이고, 융자는 연구개발 및 생산기반 구축, 운전자금 지원을 위한 은행대출이라고 보면 된다.

대다수의 창업자나 기업들이 '융자'를 많이 선택하는데, 이는 절차가 복잡하지 않고 담보력만 있으면 어렵지 않게 자금을 받을 수 있기 때문이다. 반면 '출연' 자금은 한정된 예산과 정해진 지원금을 경쟁을 거쳐 받는 것이기 때문에 그 절차가 까다로울 뿐만 아니라 자금을 받기 위해 많은 준비를 해야 하므로 쉽게 도전하지 못하는 듯하다. 하지만 자신의 아이디어를 사업으로 펼칠 꿈을 가지고 있는 사람이라면 도전해볼 필요가 있다. 적게는 5천만 원에서 많게는 수억 원까지 받을 수 있으니, 사업자금이 없거나 부족한 창업자 혹은 중소벤처기업이라면 노력해볼만한 가치가 있지 않을까? 또한 이 과정에서 사업계획서를 작성하고 지자체나 산업통상부, 중소기업청 등 정부기관들과 거래하고 소통하는 방법을 익힐 수 있으니, 애초의 목적인 정부지원금을 받는 데 실패했다고 하더라도 자신의 아이디어나 사업계획에 대한 재검토 등 값진 교훈으로 남을 것이다.

더치트(대표 김화랑)는 온라인 사기 및 피싱방지 플랫폼 서비스를 제공하는 기업이다. 온라인 오픈마켓 등에서 발생한 사기사건 용의자의 휴대전화번호, 계좌번호를 데이터베이스화해 사용자들에게 제공한다. 사용자들은 물품거래 전 이곳에서 판매자의 정보를 검색해 혹시나 있을지 모르는 '먹튀'를 사전에 방지할 수 있다. 더치트는 현재 국내에서 가장 많은 회원(약 48만명)과 사기범 데이터베이스를 보유한 관련 업계의 선두주자다. 8년간 모아온 데이터베이스는 일선 경찰에서 수사자료로 활용될 정도의 신뢰도를 자랑한다.

이 회사는 2006년 김화랑 대표가 만든 '온라인 사기사례 공유 게시판'에서 출발했다. 온라인 전자상거래시장의 급격한 성장과 함께 물품거래 사기 또한 빈발했고, 자연스레 김 대표의 게시판 서비스도 큰 호응을 얻기 시작했다.

그러나 딱 거기까지였다. 더치트는 탁월한 사기예방 효과로 2011년 경찰청 표창까지 받았지만 별다른 수익원을 찾지 못한 채 표류했다. 온라인 전자상거래를 이용하는 사람들만 방문하는 사이트 특성상 광고를 수주할 수 있을 만큼의 페이지뷰(Page View)가 나오지 않았다. 공익적인 성격에도 불구하고 개인 홈페이지에 불과한 더치트와 공식 제휴를 맺겠다는 기관도 없었다.

김 대표는 본격적으로 더치트를 살려보겠다며 지난해 3월 다니던 직장까지 그만두고 법인을 설립했지만 뾰족한 수를 찾을 수 없었다.

김 대표가 중소기업진흥공단의 청년전용창업자금지원 프로그램을 알게 된 건 바로 그때였다. '오랜 시간에 걸쳐 서비스의 효용성은 이미 입증됐으니 승산이 있다'고 생각했다. 결국 더치트는 서류심사와 4박 5일간의 경영교육을 거쳐 5000만원의 사업자금을 지원받을 수 있었다. 이 5000만원은 서버 등 노후 설비를 교체하고 모바일 앱을 개발하는 등 새로운 시작의 기틀을 닦는 밑거름이 됐다. 전형적인 1인 기업 형태를 벗어나 직원 1명도 채용할 수 있었다.

[헤럴드경제 인터넷판, <창조경제 마중물 '청년전용창업자금' 성공사례>, 2013.7.30.]

② 융자자금보다는 출연자금을 목표로

정부에서 사업을 하는 개인이나 기업들에게 지원하는 자금은 앞서 설명했듯 '출연'과 '융자' 두 가지라는 점을 인지하고, 출연과 융자의 장단점을 잘 파악하여 자신의 필요에 맞게 선택하면 된다. 다만 융자의 경우 기존 사업자는 매출액에 따라 대출을 해주고 있고, 예비창업자는 매출에 관계없이 일정한 자격을 갖추면 최대 1

억 원 정도 무담보 신용대출을 해주고 있으므로, 융자를 노린다면 이를 알고 준비하는 것이 좋다. 여기서 말하는 예비창업자란 창업한 지 1년 이내의 개인 또는 법인 사업자로 사업등록일을 기준으로 판단한다.

그러나 저자가 지금까지 컨설팅을 하며 경험한 바에 의하면, 매출이 오르는 등 정상적인 영업활동이 일어나는 경우를 빼고는 정부에서 지원하는 융자자금은 고려하지 않는 것이 좋다. 혹시라도 상환을 하지 못할 경우 회사뿐만 아니라 개인의 신용도까지 문제가 되어 평생의 짐이 되는 경우가 다반사이기 때문이다. 따라서 이 책에서도 정부지원금 중 기술개발(R&D) '출연자금'에 맞추어 설명할 것이다. 물론 융자자금의 경우에도 이 책의 내용을 참고하여 사업계획서를 작성한다면 충분히 자금을 지원받을 수 있을 것이다.

▶▶ **정부지원금의 종류**

분류	내용	지원 금액	지원 기간	기술 성격	상환여부
출연	출연자금을 지원받는 경우에는 연구기간이 만료된 후 기술료 명분으로 일정액을 다시 반납	수천만 원~ 수억 원	1~3년 이내의 단기	요소기술개발 및 상용화	기술료(10%)를 상환
융자	담보(물적담보/기술담보)를 잡고 은행권 이자보다 낮은 이자율로 장기 대출	수천만 원~ 수십억 원	3~5년 정도의 장기	양산화	원금 및 이자 상환

위 표에서 보면 정부지원금 중에서 출연자금은 기술료의 10%를 상환하라고 되어 있다. 하지만 여기서 말하는 기술료의 상환이란 정부에서 지원하는 출연자금을 받아 개발과제를 수행완료한 후 성공했을 경우에 정부로부터 받은 지원금의 10%를 다시 정부에 상환하는 것을 말한다. 실패할 경우에는 지원받은 출연자금의 상환의무를 지지 않는다. 다만 출연자금 지원에 일정기간 제한을 받을 뿐이다. 이런 이유로 정부지원금을 신청할 생각이고 조건이 허락한다면 융자금보다는 출연자금을 지원받는 것이 현명하다 할 것이다.

③ 관과 소통하는 방법을 익혀라

정부가 시행하는 어떤 일을 신청하고 그것에 대한 혜택을 받으려면, 그것이 어떠한 일이든 정부기관과 소통하는 방법을 익혀야 한다. 그 소통의 방법은 바로 '서류'이다. 가령 사업장으로 쓸 사무실을 마련하기 위해 창업보육센터에 들어가려고 해도 거기에서 요구하는 서류, 즉 지원서와 사업계획서 등을 쓸 줄 알아야 한다. 하물며 사업자금을 지원하는 정부지원금인 경우는 더 말할 필요가 없다. 뒤에서 살펴보겠지만 정부에 제출하는 사업계획서를 쓸 때에는 몇 가지 주의사항이 있다. 이를 유념하고 쓰는 사업계획서와 그렇지 않고 형식에만 맞추어 적당히 쓰는 사업계획서는 분명 차이가 있고, 이는 심사하는 심사평가위원의 눈에도 보이게 되어 있다. 따라서 정부기관에 제출하는 사업계획서는 왜 자신이 이것을 작성하고 있는지 그 목적을 생각하고, 역지사지의 입장에서 써야 한다. 즉 내가 이 사업계획서를 심사하는 심사평가위원이라면 어떤 점을 눈여겨 심사할지를 고민한 다음, 차분히 그에 대한 준비를 해나가야 한다는 의미이다. 며칠 책상에 앉아 두드려 나오는 사업계획서보다는 발로 뛰어 정보를 모은 후 사업성이 치밀하게 계산된 사업계획서가 심사평가위원의 눈에 들 확률이 더 높다.

그럼 정부기관용 사업계획서를 작성하는 몇 가지 요령에 대해서 알아보도록 하자. 왜 정부에서 당신에게 왜 창업지원금을 지원해주어야 하는 지에 대한 설득이 사업계획서의 핵심이 될 것이다. 왜 하고 많은 사람들 중에 '당신(내회사)'이어야 하는지 말이다.

(가) '나는(우리는) 자격이 있는 사람(기업)이다'를 보여주어야 한다

이를 설득하기 위해서는 사업아이템에 대한 자신(혹은 기업)의 능력 척도, 이를테면 학력·경력이나 수상실적, 특허 보유 여부 등을 자랑스럽게 밝혀야 한다. 창업자들은 대개 혼자서 창업을 한다. 따라서 창업자 개인에 대한 평가가 중요할 수밖에 없다. 설령 다수가 팀을 이루어 함께 창업을 하더라도 마찬가지이다. 대표가 될 사람, 즉 CEO가 될 사람에 대한 평가가 제일 중요하기 때문이다. 또한 기업에서는 과제책임자가 중요하다. 아무리 좋은 사업아이템이라 해도 그것을 구현할 사람의 역량이 떨어지면, 그 사업은 실패할 가능성이 크기 때문에 정부를 대신하여 창업자

나 기업을 심사하는 심사평가위원들은 창업자 또는 과제책임자의 역량을 중요하게 평가할 수밖에 없다. 창업자나 과제책임자는 사업아이템뿐만 아니라 나아가 그 회사를 이끌어갈 대표이기 때문이다.

사실 명문대학교를 나오거나 해당 사업아이템 분야의 석·박사이거나 대기업 경력 혹은 정부출연연구소 경력이 있다면 정부지원금은 따 놓은 당상이다. 이러한 학력과 경력은 그 사람이 다른 사람들보다 기술보유력이 좋을 것이며, 프로젝트에 대한 훈련이 좀 더 잘 되어 있을 것이고, 큰 사업 경험도 있을 것이라는 객관적 지표이기 때문이다. 그렇다고 학력이 나쁘거나 경력이 일천하다고 우려할 필요는 없다. 제일 중요한 것은 사업아이템과 그에 관한 사업 역량이니 부족한 부분을 메우기 어렵다면 다른 방법으로 어필할 수 있는 방법을 찾아보면 된다. 예를 들면 특허를 많이 보유한다든가, 대회에서 수상을 한다든가 하는 등으로 부족한 학력이나 경력을 채워주면 되는 것이다.

(나) '어떻게 만들겠다'를 보여주어야 한다

대부분의 창업자나 기업들이 이를 쉽게 생각하여 간과하기 쉬운데, 정부지원금을 주는 심사평가위원들의 생각은 다르다. 예비창업자나 창업 초기 기업들은 인력이 부족하기 마련이다. 그렇기 때문에 기술인력이 집중되어 있으면 개발 방향을 문제없이 설명할 수 있겠지만, 영업과 마케팅 등 개발 분야가 아닌 인력으로 구성이 되어 있으면 '어떻게 만들겠다'는 것을 보여주는 게 상당히 어려울 수밖에 없다. 결론적으로 말해서 창업자나 CEO는 개발자 수준으로 자세히 알고 있어야 하며, 설령 아웃소싱을 하더라도 개발하려는 제품과 기술에 대한 정확한 이해와 지식을 갖고 있어야 한다. 그렇지 않으면 자금만 받고 개발을 못하고 끝날 수 있는 창업자(혹은 기업)로 오인 받을 수 있다.

(다) '어떻게 팔겠다'를 보여주어야 한다

대개의 사업계획서를 보면 이 부분이 제일 취약하다. 사실 쉽지 않은 얘기일 수 있다. 왜냐하면 영업과 마케팅은 쉬운 일이 아니기 때문이다. 수많은 벤처기업들이 망하는 이유도 기술이 부족해서가 아니라 판매를 하지 못해 생기는 문제들 때문이다. 창업자나 과제책임자가 아무리 명문대 석박사라 할지라도 영업과 마케팅은 어려울 수밖에 없다. 실제 시장에서 마주치는 영업과 마케팅은 책에서 공부한 것과 차원이 다르거니와 귀동냥으로 듣는 것과도 상당히 다르다. 각자의 아이템이 위치한 시장에서의 독특한 시장원리를 간파하지 못하면 소비자가 원하지 않는 제품만 만들고 끝낼 수 있기 때문에 심사평가위원들도 이 부분을 중요하게 짚고 넘어간다. 따라서 사업계획서에는 아주 세부적으로 '어떻게 팔겠다'가 나와 있어야 한다. 그래야 정부지원금을 받을 확률이 높아진다. 창업자나 기업이 영업 행위를 연상하면서 작성하고, 부족하면 꼭 전문가의 도움을 받기를 바란다.

(라) '판매해서 돈을 벌 수 있다'는 메시지를 전달해야 한다

사업이 망하는 99%의 이유는 소비자가 원하는 제품이 아닌 창업자나 기업이 만들고 싶은 제품을 만들기 때문이다. 시장조사나 고객평가 한 번 없이 막연하게 아이디어를 갖고 사업을 하다가 망하는 것인데, 대체로 3년이면 50%가 문을 닫고, 5년이면 90%가 문을 닫는다는 통계가 있다. 망하는 이유는 단순하다. 돈이 없기 때문이다. 돈이 없는 이유는 매출이 없다는 뜻이다. 매출이 없다는 것은 팔 수 있는 물건이 없다는 뜻이고 팔 수 없는 물건만 있다는 것은 소비자가 원하는 물건이 아니라는 의미이다. 정부가 예산을 들여 창업자나 기업을 지원할 때는 이러한 부분까지도 고려하기 때문에 정부지원금을 신청할 때는 가장 핵심적인 부분, 즉 '이 제품을 만들면 판매해서 돈을 벌 수 있다'는 확실한 근거와 의지를 보여주어야 한다.

상기 네 가지가 정부지원금 신청용 사업계획서에 담길 가장 핵심적인 내용이며 전체적인 흐름이다. 추후에 좀 더 자세히 언급하겠지만 이 흐름을 기억한다면 어떠한 정부지원금 심사에서도 능히 대응할 수 있고 좋은 점수를 받을 수 있다. 각 지원사업마다 세부적으로 필요한 내용은 책 중간 중간에서 다시 언급하겠다. 정부와 지방자치단체의 모든 지원사업은 비즈인포(www.bizinfo.go.kr)에 게시된다. 자주 들여다보고 의문사항이 있으면 직접 전화해서 물어보며 스스로 찾아내기를 바란다.

(2) 사업아이템전략부터 사업자등록전략까지

정부와 지자체들은 고용창출과 수출 지향적인 사업아이템 혹은 신기술이나 신제품이 있을 경우 이를 촉진하기 위해서 해당 법령들을 제정하고 매년 일정한 예산 범위 안에서 중소기업청과 같은 해당 기관들을 통해 정부지원금을 지원하고 있다.

정부나 지자체에서 지원을 받을 수 있는 대표적인 업종은 '제조업'과 '지식서비스업'이고, 이 업종에서 좋은 아이디어를 창출해 창업을 하는 것을 '벤처창업'이라고 한다.

일반적으로 창업이라고 하면 점포를 얻어 가게를 여는 것으로 생각하기 쉽다. 동네 슈퍼마켓이나 학교 앞 문구점 같은 가게도 일반 소매업 창업에 해당되기 때문에 포괄적인 의미에서의 창업은 맞다. 개인적인 공방을 차려도 창업은 창업이다. 다만 이 책에서 다루고자 하는 것은 그런 일반적인 창업이 아닌 '벤처창업', '기술창업'이다. 벤처창업이나 기술창업은 특정한 분야에서 논문이나 특허와 같은 지적재산권을 구비할 수 있거나 그에 준하는 차별화된 노하우를 보유하고 이를 사업화하려는 것을 의미한다. 정부나 지자체가 자금을 무상지원하는 분야가 바로 이러한 '벤처창업', '기술창업'이기 때문에, 이 책에서는 이를 위주로 정부지원금을 받는 방법을 알아보고자 한다.

① 정부지원금을 지원하는 두 가지 명분

10여 년 전부터 정부와 지자체에서는 창업에 대한 지원을 체계화하고 있다. 정부가 이러한 사업을 추진하는 가장 큰 목적은 일자리를 창출하고 이를 통해 수출이든 내수든 국가 경제에 이바지할 수 있는 기업을 많이 만들기 위함이다. 이는 바꿔 말하면 일자리가 창출될 가능성이 높은 사업아이템이라면 정부지원금을 노려볼만하다는 것을 의미한다.

2000년대 들어서서 고용 없는 성장이 지속됨에 따라 많은 청년과 장년들의 실업이 사회문제화되고, 여성과 저소득층 등 사회 보호가 필요한 사람들의 생활환경이 더 열악해지는 상황에 직면하고 있다. 정부는 이를 해결하기 위해 많은 창업지원정책을 만들어 제공하고 있다. 이런 창업지원정책은 아이디어나 기술만 있으면 누구나 성공할 수 있다는 사실을 알려주기 위한 제도적 장치이기는 하나, 일시적이고 저품질인 일자리가 아닌 고부가가치를 얻을 수 있는 일자리, IT 강국의 이점을 활용하여 기술경쟁력을 갖춘 창업에 포커스를 맞추어 지원하므로 벤처창업을 통해 정부지원금을 지원받고자 준비하는 예비창업자라면 반드시 이를 명심해야 한다. 즉 정부와 자자체에서는 대체로 고용창출 효과가 크고 수출지향적인 산업 분야를 선호한다.

또한 정부나 지자체가 지원하는 정부지원금은 모두 국민의 세금이다. 때문에 그 효과가 명확한 사업에 대해서만 지원할 수 있도록 규정하고 있다. 세금으로 지원하는 사업이 고용창출 효과도 적고, 단순히 내수 위주의 사업이라면 지원할 명분이 없는 것이다. 정부의 각 기관은 정부지원금을 지원할 때마다 이러한 취지에 부합하는지 심사하여 지원을 결정한다. 그러므로 지원자는 반드시 이 두 가지 명분을 사업계획서에 담아야 한다.

② 벤처창업을 하기 전에 반드시 알아야 할 것

취직을 하지 못한 젊은 청년들도 분위기 휩쓸려 창업을 하고 있다. 직장에서 밀려난 40~50대 장년들도 퇴직금을 밑천 삼아 창업을 하려는 이들이 많다. 그러나 준비 없이 시작하는 창업은 대개의 경우 실패를 하게 된다. 통계에 따르면 분야의 차이는 있지만 창업하는 사람들중에서 10퍼센트 미만 만이 성공을 한다고 한다.

자신의 이름으로 회사나 상점을 여는 것이 중요한 게 아니라 창업은 자신의 제품이나 서비스를 필요로 하는 사람들에게 제공하고 그 대가를 받는 상거래의 개념으로 생각해야 한다. 결국 창업은 매출이고 매출은 이익으로 환산될 수 있어야 한다.

왜 창업이 성공하기 어려운가에 대해서는 좀 더 많은 이야기가 필요하지만, 결론적으로 말하자면 치밀하게 준비하지 않아 경쟁력이 없기 때문이라고 말할 수 있다. 경쟁력이란 차별화이고 그 차별화는 나만이 할 수 있는 독특한 방식이거나 특허 등으로 보호받는 사업이어야 한다.

그렇다면 어떻게 해야 차별화를 꾀하고 창업의 성공 가능성을 높일 수 있을까? 자기만의 기술 또는 아이디어를 가지고 창업을 하고 싶고, 이를 위해서 정부지원금을 받고자 준비를 하겠다는 결심이 섰으면, 성공 가능성을 높이기 위한 치밀한 전략을 세우고 행동해야 할 것이다. 그 구체적인 것으로 다음과 같은 것을 들고 싶다.

(가) 창업교육을 받자

최근 많은 지자체와 창업단체들이 창업교육에 나서고 있다. 대부분 무료이므로 부담 없이 참여할 수 있다. 교육을 수료하게 되면 창업지원금에 대한 혜택이 있는 경우도 있다. 그 혜택은 각 지자체들마다 다르고 광범위하기 때문에 이 책에서는 자세하게 언급하기 어려우므로 자신이 살고 있는 해당 지자체 홈페이지나 창업

관련기관에 문의하면 안내를 받을 수 있을 것이다.

(나) 정부나 지자체의 지원금을 알아보자

대부분의 창업자들이 자기자본금으로 창업을 하려 한다. 자금의 여유가 있다면 남에게 손을 안 벌려도 되는 이 방법이 가장 편하다. 문제는 대부분 창업자들의 자금이 넉넉지 못하다는 데 있다. 그러므로 어떤 아이템이든 창업을 하려는 사람이라면, 그 아이템이 정부지원금을 받을 수 있는 것인지 조사해보도록 하자. 정부나 지자체에는 매년 특허 출원 및 등록된 기술에 대해 기술개발지원금을 지원하고 있으며, 대체로 매년 1월부터 각 지원금을 지원하기 위한 사업계획서를 접수하고 있다. 정부 및 지자체의 지원금 및 사업에 관한 정보는 비즈인포(www.bizinfo.go.kr)에서 얻을 수 있다.

(다) 사업장을 구하자

일반적으로 창업을 할 때 그 형태를 보면 개인사업자부터 시작하는 경우가 많다. 그렇기 때문에 별도의 고정비용이 들어가는 사무실보다 집이나 가까운 지인들의 사무실을 이용하는 경우가 대부분이다. 하지만 사업은 1인 기업이든 100명이 함께하는 기업이든 사업답게 형식을 갖출 필요가 있다. 아무리 개인사업자라해도 자택을 사업장으로 하는 경우 비즈니스 관계에서 만큼은 신뢰를 얻기 쉽지않다. 따라서 기왕 창업을 마음먹었으면 사무지역에서 사무실을 구하거나 여의치 않을 경우 대학이나 지자체에서 운영하는 창업보육센터를 이용하도록 하자.

정직한 은퇴설계

창업보육센터의 이점

창업을 하려면 해당 지역 세무서에 가서 사업자등록을 해야 한다. 이때 두 가지 중에 하나를 선택할 수 있다. 하나는 개인사업자이고 다른 하나는 법인사업자이다. 개인사업자의 경우 집을 사업장으로 하여 사업등록증을 내도 된다. 반면 법인사업자의 경우 사업장 주소가 별도로 있어야 한다. 그러나 가능하면 개인사업자로 사업자등록을 할 때에도 가급적이면 사업장을 따로 구하라고 권하고 싶다. 또 가능하면 창업보육센터를 이용하라고 하고 싶다. 사업을 함에 있어서 집을 비즈니스 장소로 이용하는 것은 대외적으로도 그렇고 신뢰도에서도 그렇고 모양새가 좋지 못하다. 그래서 사업장을 따로 구하라는 것인데, 여기에 더해 정부지원금을 노리는 것이라면 창업보육센터에 입주하는 것이 훨씬 유리하다는 의미이다.

창업보육센터는 대개 대학이나 지자체에서 운영을 한다. 대학의 경우 산학협력단 산하에서 운영하기 때문에 해당 대학교와 산학협력을 맺기에 유리하다. 또한 정부의 지원금으로 운영하기 때문에 수백만 원 정도의 지원금을 별도로 받을 수 있다. 지자체에서 운영하는 창업보육센터의 경우에도 지자체에서 자체 지원하는 자금과 정부지원금을 동시에 받을 수 있기 때문에, 저렴한 사무실 임대라는 기본적인 목적외에도 많은 이점이 있다. 또한 각종 사업에 필요한 컨설팅을 받을 수 있기 때문에 창업 경험이 없는 예비창업자나 창업초기기업이라면 활용하는 것이 좋다.

창업 입주에 관련한 인터넷 사이트는 bi-net(www.bi.go.kr)이다. 각 창업보육센터의 입주공고 및 관련 사업에 관한 공고를 볼 수 있으니 참고하되 전화로 문의하기보다는 직접 방문하여 사무실이나 각종 지원제도를 한꺼번에 확인해보도록 한다. 전화로 문의할 경우 담당자와 충분히 대화를 나누기 어렵다.

(라) 특허를 준비하자

정부지원금을 받기 위한 시작은 특허보유 유무라고 해도 과언이 아니다. 특히 정부나 지자체에 보여줄 학력과 경력이 부족하다고 느끼면 더더욱 특허에 신경을 써야 한다. 특허를 보유한다는 것은 출원보다는 등록된 것을 말하나 출원이라도 없는 것보다는 나으니 반드시 준비하는 것이 좋다. 특허사무소나 특허정보원에 기술성 평가를 신청하면 출원 상태에서도 특허성을 인정 받을 수 있기 때문이다. 이때의 비용은 대략 30~50만원 정도가 든다.

특허를 출원할 때는 '시간이 금'이라는 말을 명심해야 한다. 특허 출원비를 아껴보겠다며 혼자서 서류를 작성하느라 끙끙대지 말고 비용이 들더라도 변리사 사무소나 전문가의 도움을 받아 신속하게 진행을 하는 것이 좋다. 출원 후 특허가 등록되면, 정부나 각 지자체에서 특허출원 혹은 등록비를 지원해주기 때문에 나중에라도 비용을 지원받을 수 있다. 특허출원 혹은 등록비 지원에 관한 문의는 각 지자체의 창업관련기관들이나 지역별 지식센터에 문의하면 된다.

자신의 특허와 유사한 특허 검색은 특허청 특허 검색 홈페이지 '키프리스(www. kipris.or.kr)'에서 할 수 있다. 다만 등록된 특허들은 모두 찾아볼 수 있으나 출원 중인 특허는 볼 수 없다. 즉 특허를 출원하고 등록되기까지는 대체로 심사기간이 2년이 걸리는데, 그 사이의 것은 공개되지 않으므로 이 점을 염두에 두어야 한다.

특허출원 또는 특허등록 지원금을 신청하자

최근 예비창업자나 창업자들에게 특허를 출원 혹은 등록비를 지원하는 지자체가 많아지고 있다. 대략 100여만 원을 지원하는데, 특허출원을 위한 출원비를 지원하는 경우도 있고 특허가 등록될 때 지원하는 경우도 있으니 자신이 거주하는 지역의 지자체 홈페이지나 창업지원부서에 전화를 해서 확인해보는 것이 좋다. 100만 원 남짓이지만 이를 통해 정부(관)와 거래하는 방법을 익힐 수 있으므로 특허를 준비하고 있거나 출원 중이라면 가급적 시도해보는 것이 바람직하다. 창업보육센터에 입주해 있는 예비창업자나 창업자라면 해당 창업보육센터에서 지원을 받을 수도 있다. 대전시의 경우 테크노파크 내의 지식지원센터에서나 각 구에서 운영하는 구 창업지원과 등에서 확인하면 지원제도에 대한 안내를 받을 수 있다.

(마) 자신을 어필할 무기를 준비하라

정부지원금을 지원받으려면 특허 이외에 자신이 그동안 했던 경력을 입증할 만한 구체적인 사실, 예를 들면 경력증명서라든가 개발한 제품의 사진, 계약서 등 정부에 자신을 어필할 수 있는 것이 있다면 뭐든지 준비해두는 것이 좋다. 정부가 자금을 지원할 때에는 성공 가능성이 큰 사람에게 주게 되므로 적극적으로 자신이 바로 그 적임자라는 것을 어필해야 한다. 그러므로 특허를 비롯하여 경력과 학력 등 창업자들의 사업능력을 보여 줄 수 있는 모든 것들에 대한 객관적 자료를 확보하여, 이력서를 작성해 두도록 한다.

(바) 개발과 영업마케팅의 중요성

창업자의 능력을 어필할 수 있는 학력·경력이 담긴 이력서와 기술보유의 객관적 자료인 특허 등이 준비되면, 자신의 사업아이템(신제품 및 신기술)을 어떻게 개발하고 마케팅을 해서 매출을 올릴 것인지에 대한 객관적인 내용을 준비하는 것이 좋다. 대체로 이 부분이 모호해서 정부지원금을 받는데 낭패를 격기 때문에 반드시 해결하고 넘어가야한다.

'구슬이 서 말이라도 꿰어야 보배'라는 말이 있다. 아무리 좋은 아이디어나 기술이라도 제품으로 만들어지고 판매가 되어 이익이 생겨야 직원도 채용하고, 개발에 대한 재투자를 통해 회사가 성장하는 비즈니스 모델이 구축된다. 따라서 기술과 아이디어를 어떤 식으로 개발할 것인지 설계도면, 제작 의뢰한 용역업체와의 계약서, 부품 및 관련개발자와의 이메일까지도 빼놓지 말고 준비해두도록 한다.

해당 제품을 기획하게 된 배경도 중요하다. 고객이 어떤 제품·기술·기능을 원하는지를 조사하되, 어떤 방법으로 어떤 과정을 거쳐 조사해서 반영했는지 함께 준비해두도록 한다. 인터넷 검색을 통한 자료도 좋고 관련 도서나 논문, 잡지 등의 자료에서 발췌한 것도 좋다. 인터넷에는 확인되지 않은 정보들도 많지만, 자신의 사업아이템과 관련되거나 해당 제품, 기술의 시장크기, 경쟁사 및 기술의 동향 등 참고할 만한 정보도 생각보다 많음을 알게 될 것이다. 따라서 인터넷을 검색해서 관련 정보를 찾으면 출력해서 파일링해두는 습관을 기르도록 한다.

(사) 지속적인 전문가 컨설팅은 반드시 필요하다

예비창업자나 창업자뿐만 아니라 중소벤처기업인들에게 바라는 것은 사업에 관한 컨설팅을 지속적으로 받으라는 것이다. 일회성이 아닌 지속적인 컨설팅이 중요하다. 컨설팅을 받게 되면 사업을 하면서 부딪힐 수 있는 문제에 있어 시행착오를 줄일 수 있기 때문에 비용과 시간을 아낄 수 있고, 무엇보다도 경영에 도움이 되는 정보를 늘 곁에서 제공받을 수 있다는 장점이 있다. 컨설팅을 지속적으로 받는 경영자들을 만나보면, 지금 당장은 필요 없는 정보라도 시간이 지나고 보면 사업에 도움이 되는 내용이 많았다는 것이 한결 같은 얘기다. 컨설팅에 따른 비용이 부담스러워 망설여진다면 산업통상자원부나 중소기업청, 각 지자체 혹은 창업보육센터에서 지원하는 컨설팅지원 사업을 이용하는 방법도 있다. 개인적인 생각으로는 이러한 지원을 받지 못하더라도 사업을 시작하는 창업자나 경영자라면 자비로라도 컨설팅은 꼭 받았으면 한다. 비용이야 컨설팅업체마다 천차만별이겠지만 자신이 지출 가능한 예산 범위 중 1~5% 정도라면 크게 무리 없이 필요한 컨설팅을 받을 수 있을 것이기 때문이다.

3) 사업자등록 시점과 종류는 신중하게 결정하라

창업을 해서 성장할 경우 '예비창업단계 → 창업단계 → 성장초기단계 → 성장단계'를 거친다. 따라서 성장 단계에 따라 적합한 정부지원금을 신청하여 필요한 자금을 확보하는 것이 향후 사업을 전개해나가는 데 있어서 중요하다. 특히나 사업자등록을 내기 전과 사업자등록을 낸 지 1년 이내의 개인과 법인사업자는 창업초기 지원금을 받을 수 있는 중요한 기준점이 되므로 정부지원금을 신청하려는 창업자라면 사업등록 시점이 중요한 분수령이 될 수도 있다. 정부기관은 사업자등록 기준으로 1년이 지났느냐 아니냐에 따라 창업자와 기업으로 구분한다.

창업자(사업자등록 1년 이내의 창업자 포함)와 기업은 정부지원금을 경쟁해야 하는 대상이 다르다. 예를 들어 창업자는 정부에서 특별한 자격으로 한정하여 별도의 과제예산으로 지원하고 있으나, 사업등록 1년이 지난 사업자는 기존의 기업들이 받는 과제에 지원해서 경쟁을 해야 하므로 경쟁이 치열하다. 또한 연간 매출액, 수익 등을 증명해야 하므로 정부지원금을 지원받는 데 있어 매우 불리하다.

물론 창업 3년 이내까지는 재무제표 심사를 하지 않지만, 그것은 어디까지나 심사의 기준일 뿐이고, 실제 심사평가할 때에는 매출 등 재무제표를 참고하기 때문에 사업자등록은 전략적으로 해야 한다. 다시 말하지만 중소기업청이나 중소기업청 산하 중소기업진흥공단 중에서는 예비창업자와 창업자에 대한 혜택을 창업 1년 이내로 한정하고 있다.

사업자등록을 낼 때 개인사업자로 낼 것인지 법인사업자로 낼 것인지도 중요하다. 대체로 사업 초기에는 개인사업자가 유리하나 매출 규모가 커지면 세금 면에서나 대외적인 이미지, 투자유치 등에 있어 법인 사업자가 유리한 편이다. 개인사업자는 설립이 매우 간단하나 모든 법적 책임이 개인에게 있다. 반면 법인의 경우 설립의 절차가 간단하지 않고 비용도 발생하지만 법적인 책임, 즉 상법에 의해 법인과 대표자의 책임이 구분된다.

과세표준, 즉 소득이 3천만원 이하이면 개인사업자가 세금을 적게 내고 그 이상이면 법인이 세금을 적게 낸다. 하지만 창업초기에는 가급적 개인사업자를 권하고 싶다. 법인사업자는 청산절차를 밟아야 하기 때문에 폐업하기가 쉽지 않다. 따라서 리스크가 높은 창업초기에는 개인사업자가 유리하다. 다만 정부에서 최저자본금제를 유명무실화했기 때문에 법인사업자와 개인사업자와의 구별이 거의 없어지고 있으므로 자신의 상황에 맞게 선택해서 회사를 세우면 된다.

사업자등록을 할 때 사업종목은 가급적 제조업을 넣는 것이 유리하다. 우리나라는 수출국이다 보니 제조업을 우대하는 경향이 강하다. 물론 최근에 창업을 준비하는 예비창업자나 창업초기기업들은 제조업에 국한하여 창업을 하는 것이 아니라서 딱히 제조업을 사업종목에 넣지 않기도 하는데, 정부에서 지원하는 자금의 경우는 대체로 제조업을 선호한다는 점을 잊지 말자.

① 다양한 정부지원금 어떻게 받을까?

정부 및 지자체의 창업지원금이나 기술개발지원금은 대개의 사람들이 모르는 것 같지만, 또 막상 지원을 해보면 매우 경쟁이 치열하다. 그렇기 때문에 준비 없이 정부지원금을 신청하는 것은 어찌 보면 요행을 바라는 일이 될 수도 있다. 만반의 준비를 한 창업자들은 정부지원금을 사업을 전개하기 위한 하나의 과정이라고 생각한다. 정부지원금을 신청하는 것 또한 자신의 사업을 다시 한번 확인하는 과정일 뿐이기 때문에 본연의 업무에 집중하며 사업을 전개해나감에 있어 핵심을 놓치지 않는다. 이에 반해 사업에 대한 깊은 고민 없이 시작한 창업자들은 늘 쫓기듯 일을 하고 정부지원금을 신청하는 것 또한 허둥지둥하여 결국 좋은 결과를 얻지 못하곤 한다.

앞서 말했듯이 정부의 창업지원금은 예비창업자와 창업 후 1년 이내의 창업초기 기업에게 혜택이 집중되어 있다. 즉 사업자등록증을 발급 받은 후 1년이 지나면 창업지원과 관련한 자금은 받기 어렵다. 이런 경우 일반기업들과 경쟁해야 하는 기술개발지원금을 신청해야 한다.

본문에서 살펴보겠지만, 정부에서 지원하는 창업지원금이나 기술개발지원금은 생각보다 다양해서 어떤 것을 어떻게 준비해야 할지 고민들이 많을 것이다. 그러나 자신의 기술과 노력을 통해서 정부를 설득하는 과정이라 생각하면 크게 부담은 없다. 어쨌든 가장 먼저 시작할 것은 다양한 정부지원금 사업 중 어떤 것을 선택할지 고르는 것인데, 중복 선정이 되어 취소가 되더라도 조건이 된다면 가급적 모든 사업에 지원하는 것이 좋다.

설령 탈락이 되어도 사업계획서 쓰는 법이나 프레젠테이션 자료를 만드는 법에 익숙해질 수 있고, 사업별로 제출하면서 사업계획서를 수정하다 보면 점점 더 내용을 구체화시키고 세련되게 표현할 수 있을 것이므로 가능한 한 모든 사업에 신청하는 것이 바람직하다. 물론 각 사업별로 준비해야 할 것들은 조금씩 그 내용이 다르다. 가수들은 신곡을 레코딩할 때 보통 100여 번을 연습한 후 녹음작업을 한다고 한다. 정부가 시행하는 정부지원금 사업에 신청하는 여러분도 한 번 쓰고 말 사업계획서가 아니라 계속해서 수정보완하는 사업계획서를 써야 한다. 그래야 진정으로 의미있고, 정부지원금을 받을 수 있는 사업계획서로 변모한다는 사실을 잊지 않도록 하자.

② 한눈에 볼 수 있는 창업단계별 정부지원금

표 <창업 및 성장단계>는 일반적인 창업의 성장속도에 따라 창업단계를 정리한 것이다. 창업단계별로 지원할 수 있는 정부지원금은 해당 표를 참조하면 된다. 표를 보면 알겠지만, 가급적이면 창업한 지 3년 이내에 매출이 발생하는 수익모델을 만들어내는 것이 관건이며, 수익모델이 만들어지면 그 다음 단계부터는 정부로부터 출연자금을 지속적으로 받을 수 있다는 것을 알 수 있다.

▶▶ 창업 및 성장단계

예비창업단계	→	**예비창업 또는 창업초기기업** 기업이 기본적인 아이디어만 있고 다른 제반 여건은 완비되어 있지 못한 미개발 상황	→	1단계
창업단계	→	**1인창조기업을 포함하는 창업 3년 이내** 제품이나 서비스에 대한 기술적인 가능성은 있지만 상업성은 입증되지 않은 원형만 갖춤	→	2단계
성장초기단계	→	**창업 5년 이하 또는 매출액 50억 원 이하** 제품이나 서비스의 출시와 상업화에는 성공 했지만 아직 추가적인 시장침투와 확장 필요	→	3단계
성장단계	→	**창업 5년 이상 또는 매출액 50억 원 이상** 급속한 성장에 따라서 제한적인 은행대출과 추가적인 공모Public offering를 통한 자금조달	→	4단계

▶▶▶ 기업의 단계별 필요한 정부 지원금

	사업의 종류	연간 지원 규모
1단계	• 민관·공동 창업자 발굴·육성사업 • 청년창업사관학교 • 창업맞춤형 사업화 지원사업 • 선도벤처연계 창업지원사업 • 글로벌 청년 창업활성화 지원사업 • 재창업기업 전용 기술개발자금	5,000만 원~ 1억 원
2단계	• 지식거래조건부사업화지원 • 창업성장기술개발사업(창업) • 팀 기술개발 지원 • 창업성장(창업, 1인창조 앱APP기술개발) • 지역특화산업기술개발사업	5,000만 원~ 2억 5,000만 원
3단계	• 중소기업 R&D기획역량 혁신 • 기술혁신(미래선도, 글로벌강소, 투자연계) • 창업성장(성장, 재도약) • 지역연계협력권사업 • 구매조건부(수요조사, 기업제안) • 해외수요처 연계(글로벌 협력, 기업제안) • 민관공동투자(수요조사, 미래전략, 기업제안) • 융복합기술(산연협력, 기업제안, 센터연계형, 융합사업승인, 농공상융합) • 이전기술(산연협력, 기업제안, 해외기술이전) • 제조현장녹색화(산연협력, 기업제안, 보급확산) • 산학연 공동 • 기업부설연구소 설치(신규, 업그레이드) • 출연연-중소기업간 공동(연구장비활용, 제조현장녹색화, 융복합, 이전기술)	2~5억 원 (2년간 10억 원 가능)
4단계	• 2단계와 동일 • 산업통산지원부 과제/중소기업벤처부(중장기)	수 억~ 수십억 원 가능

(1) 예비창업자 및 창업초기기업을 위한 정부지원사업

대부분의 창업지원금은 예비창업자 및 1년 이내의 창업초기기업을 대상으로 한다. 여기서 예비창업자의 정의와 1년 이내의 창업초기기업가의 정의는 앞으로 설명할 내용과 같으며, 정부지원금을 확보하는 데 있어 예비창업자와 1년 이내의 창업초기기업의 조건은 동일하다고 보면 된다.

① 예비창업자

해당 정부지원사업에 사업계획서를 제출하는 신청일 현재 사업자등록 및 법인등록을 하지 않은 자로, 정부지원사업에 선정이 되어 협약기간 종료일 3개월 이내에 사업자등록을 하여 창업이 가능한 자를 말한다. 예를 들어 '예비기술창업자육성사업'이라는 정부지원사업의 모집공고일이 2024년 4월 15일이면, 이 날을 기준으로 6개월 이내에 사업자등록을 폐업한 분들을 제외한 모든 분이 지원자격이 된다. 결론적으로 예비창업자라 할지라도 혹은 과거에 사업자등록을 한 사람이라도 2023년 10월 14일까지 기존의 사업자등록을 폐업했다면 예비창업자에 포함되어 '예비기술창업자육성사업'에 신청할 자격이 주어진다.

예비창업자는 개인 또는 팀으로 참여 신청이 가능하다. 단, 팀으로 신청 시 팀 구성원 전원이 예비창업자여야 하고 팀 구성원 중 1인을 대표로 정하여 대표자 명의로 사업을 신청해야 한다. 정부지원사업에 선정 후 팀 대표 변경은 불가하며 법인등록 시 팀 대표는 반드시 대표이사로, 팀원들은 사내이사로 법인등기부 등본에 등재가 되어야 한다. 만약 예비창업자가 『고등교육법』 제14조에서 정한 교원이라면 선정 후 협약 이전까지 소속기관장 명의의 창업승낙서를 제출해야 한다.

② 1년 이내의 창업초기기업

예를 들어 '예비기술창업자육성사업' 사업의 공고가 2024년 4월 10일이었으나 공고문에 특정한 날 2022년 12월 30일 이후 기업을 설립한 자라는 표현이 있으면 공고일 기준보다 1년이 넘더라도 허용이 된다는 뜻이다. 이 기준은 매년 달라질 수 있지만, 대체로 공고일 이전 년도, 즉 공고년도가 2024년이면 2023년 1월 1일 이후 창업한 기업을 1년 이내의 창업초기기업이라 한다. 창업 날짜의 기준은 개인사업자의 경우 사업자등록증 상의 개업일이고, 법인사업자의 경우는 법인등기부등본상의 법인설립 등기일이다. 다만 개인사업자가 법인사업자로 전환 했을 경우에 한하여 최초의 개인기업 개업일을 창업의 기준일로 본다.

예비창업자나 1년 이내의 창업초기기업이 정부로부터 지원받을 수 있는 자금은 정부가 창업자에게 주는 방식에 따라 크게 '직접지원자금'과 '간접지원자금'으로 나눌 수 있다. 직접지원자금과 간접지원자금의 차이는 정부나 지자체에서 지원하는 창업이나 기술개발에 관련된 자금을 '누구에게 주는 것인가?'에 대한 문제이다. 예를 들어 창업교육을 시키거나 필요한 컨설팅을 받게 해주는 것은 간접지원에 해당이 된다. 이는 정부가 창업지원 관리기관을 통해서 자금의 관리를 맡게 하고, 창업자가 필요한 해당 서비스나 구매품을 구매하거나 이용할 경우 그에 대한 비용을 판매자나 서비스 제공자에게 주는 것을 말한다. 반면 창업자에게 직접 자금을 주고 개별적으로 필요한 서비스나 구매를 하도록 하는 것은 직접지원에 해당한다.

창업자 본인 입장에서야 정부로부터 직접 자금을 받아 사용하는 직접지원 방식이 훨씬 매력적이겠지만, 이 지원방식은 불법적으로 악용될 소지가 많아서 정부가 선호하지 않는다. 그 결과 현재 정부의 창업자금 지원책은 대부분 수행기관으로부터 설비 등 인프라 구축의 도움을 받는 간접지원 방식으로 이루어져 있다. 다만 몇 개의 창업지원사업은 창업자에게 직접적으로 지원을 하므로, 예비창업자나 창업초기기업이라면 자신에게 해당사항이 있는지 확인할 필요가 있다.

③ 정부가 기술개발을 직접지원하는 사업의 종류

설명했듯이 정부가 시행하는 대부분의 창업지원사업은 수행기관을 통해서 사업비를 직접 지급하는 '직접지원' 방식보다 '간접지원' 방식을 시행하고 있다. 여기서 말하는 간접지원이란 기술개발이나 제품개발을 위한 자금지원이 목적이 아닌 영업·마케팅 등 사업에 필요한 전반적인 부분에 전 방위로 지원하는 것을 말한다. 이에 따르면 예비창업자나 창업초기기업이 사업을 전개하다가 외부용역업체가 필요해 의뢰를 했을 경우 수행기관이 외부용역업체에게 사용된 만큼의 비용을 지급하게 된다.

다음의 표는 2013년도 예비창업자 및 1년 이내의 창업초기기업, 1인창조기업을 대상으로 하는 중소기업청 사업을 정리한 것이다 이어지는 표는 열거된 사업 중에서 예비창업자 및 1년 이내의 창업초기기업에 5천만 원 이상의 창업지원금을 지원하는 사업들만 정리한 것이다. 그 외의 사업들은 수행기관에서 자금을 갖고 필요한 곳마다 지원하는 간접방식의 사업이라서 지원 금액이 몇 백에서 1천만 원 정도에 그친다. 이를테면 '창업아이템상품화지원사업'의 경우 정부에서 최대 5천만 원을 지원하는데 반해, '대학창업교육패키지사업'의 경우 수행기관이 대학이 되어 대학 내에서 주관하는 창업교육사업 등에 들어가는 사업비를 국가가 지원하고, 예비창업자 및 1년 이내의 창업초기기업가들이 교육을 받는 것으로 그 비용을 대신 지출하는 방식으로 간접지원 사업이다.

이 사업들은 실제 창업을 하는 데 있어서 아주 중요한 자금이므로 예비창업자 및 1년 이내의 창업초기기업은 눈여겨볼 필요가 있다. 표1-4에서 창업지원금이 5천만원 이상인 사업들만 정리하면 표1-5가 되는데, 이 사업들이 실질적으로 창업에 많은 도움을 주기 때문에 지원자도 많고 경쟁도 치열하다. 따라서 철저한 준비를 해야만이 선정될 수 있을 것이다.

▶▶ 예비창업자 및 1년 이내의 창업초기기업, 1인창조기업을 위한 직접지원사업

NO	사업명	모집구분		2014년 예산(억 원)
		지원대상	주관(수행)기관	
1	창업아카데미운영사업	예비창업자 및 1년 미만의 창업자	대학	45
2	청소년 비즈쿨지원사업	초·중·고등학교	초·중·고등학교	50
3	창업대학원 운영사업	대학원 진학자	대학	9
4	민·관 공동 창업자 발굴·육성사업	예비창업자 및 창업 3년 이내 기업 대표자	창업진흥원	50
5	기업가센터 운영사업	대학생, 재기창업자	창업진흥원	35
6	청년창업사관학교 운영사업	예비창업자 및 3년 이내 기업 대표자	청년창업사관학교	260
7	창업맞춤형 사업화지원사업	예비창업자 및 1년 이내 창업기업	창업진흥원	499

8	선도벤처연계 창업지원사업	예비창업자 및 1년 이내 창업기업	창업진흥원	75
9	글로벌 청년 창업활성화 지원사업	예비창업자 및 5년 미만 기업	창업진흥원	50
10	창업선도대학 육성사업	예비창업자	대학	508
11	실전창업리그-슈퍼스타V	예비창업자 및 1년 이내 창업기업	창업진흥원	17
12	시니어창업육성지원사업	만 40세 이상의 남녀 예비 창업자	창업진흥원	21
13	스마트 벤처창업학교 운영사업	예비창업자 및 창업 초기기업	창업진흥원	135
14	스마트 스타트업 글로벌 지원사업	해외진출을 원하는 창업기업(팀)	창업진흥원	20
15	참살이서비스기업 지원사업	예비창업자	소상공인진흥원	18
16	청년전용창업자금 지원사업	예비창업자 및 창업 3년 이내 기업 대표자	중소기업 진흥공단	2,000
17	창업기업자금 융자사업	예비창업자 및 7년 미만 기업	중소기업 진흥공단	11,100
18	엔젤투자 매칭펀드 운영사업	7년 미만 창업기업	엔젤투자협회	1,400
19	중소·벤처기업 투자펀드 운영사업	중소·벤처기업	한국벤처투자	15,000
20	1인 창조기업 비즈니스센터 운영	1인창업기업 및 예비	창업진흥원	80
21	1인 창조기업 마케팅 지원사업	1인창업기업 및 예비	창업진흥원	50
22	재창업자금 지원사업	신용회복자 및 재기 창업자	중소기업 진흥공단	500
23	재창업기업 전용 기술개발자금	저신용자 및 재기 창업자	중소기업청	30
	계			31,952

▶▶ **창업지원금이 5천만 원 이상이 되는 직접지원사업**

NO	사업명	모집구분		2014년 예산(억 원)
		지원대상	주관(수행)기관	
1	민·관 공동 창업자 발굴·육성사업	예비창업자 및 3년 이내 창업기업	창업진흥원	50
2	청년창업사관학교	예비창업자 및 3년 이내 창업기업	중소기업진흥공단	260
3	창업맞춤형 사업화지원사업	예비창업자 및 1년 이내 창업기업	창업진흥원	499
4	선도벤처연계 창업지원	예비창업자 및 1년 이내 창업기업	창업진흥원	75
5	글로벌 청년 창업활성화 지원사업	예비창업자 및 5년 미만 기업)	창업진흥원	50
6	재창업기업 전용 기술개발자금	저신용자 및 재기창업자	중소기업청	30

④ 여러 개 사업에 지원하기

예비창업자 및 1년 이내의 창업초기기업들이 정부지원금을 신청할 때 간과하는 부분이 바로 여러 개의 사업에 지원해도 된다는 사실이다. 결과에 대한 자신이 있다면 제한이 없는 한 모든 사업에 지원을 하자. 이때 중요한 것은 동일한 아이템보다는 조금씩 차별화를 두어서 사업계획서를 작성하거나 동일한 아이템이라도 다른 기술을 통해 사업계획서를 작성하는 것이 바람직하다는 것이다. 다수의 사업에 선정될 경우 중복 아이템이나 기술에 대해서는 하나만 선택하라고 하기 때문이다. 다른 아이템이나 다른 기술이라면 다수의 과제를 수행할 수 있다.

(2) 예비창업자 및 창업초기기업을 위한 대면평가 완벽대응

앞서 사업계획서를 작성하고 제출하면 서류평가를 진행하고, 이 서류평가에서 통과한 예비창업자나 1년 이내의 창업초기기업은 대면(발표)평가를 준비해야 한다고 설명하였다. 하지만 대면평가는 서류 없이 바로 진행하는 경우도 있다. 서류작성에 익숙하지 않은 창업자들에게 창업의지와 아이템의 참신성, 창업준비 과정

을 직접 듣고 평가하여 보다 공정한 기회를 부여하려는 취지이다.

① 발표 능력은 쇼맨십 능력을 요구한다

여러분이 심사평가위원들이면, 사업계획서 하나만을 들고 면접 온 사람과 프레젠테이션 준비를 해 와서 유인물을 나눠 주는 사람 중에 어떤 사람을 뽑고 싶겠는가. 비록 프레젠테이션을 할 기회 없이 바로 면접을 진행하더라도 그 준비성과 자신감만큼은 후한 점수를 주지 않겠는가?

프레젠테이션은 누구에게나 어렵다. 나만 어려운 것이 아니다. 그러므로 좀 더 자신감을 갖고 경쟁자와 차별된 점을 보여준다면 틀림없이 정부지원사업에 선정된다는 확신을 가져야 한다. 짧은 시간에 발표를 해야 하므로 강렬한 인상, 즉 창업자의 매력에 쏙 빠질 수 있도록 준비한다면 금상첨화다. 차분하게 자신의 사업계획서를 설명하는 것도 좋지만, 정부의 정부지원금을 따내려면 수많은 창업자 중에서 왜 내가 선정되어야 하는 지 그 이유를 설명하기 위한 쇼를 해야 한다는 것이다.

② 서두르지 말고 침착하게 말하자

창업자의 경우 대면평가 시간은 발표와 질의응답 시간을 합쳐서 대개 10~40분을 넘기지 않는다. 지원자 수가 많을 경우 프레젠테이션을 하지 않고 사업계획서의 질의응답과 면접태도 등만을 보고 판단을 내리기도 한다. 대다수의 창업자가 착각하는 것 중에 하나가 심사평가위원들이 제출된 사업계획서를 미리 꼼꼼히 검토하고 온다고 생각하는 것이다. 하지만 사실은 그럴 시간도, 여건도 되지 않는다. 우선 제출된 서류의 외부 유출 등을 방지하기 위해 사업계획서를 미리 검토할 수 있는 상황이 되지 않는다. 심사평가위원들이 사업계획서를 받아보는 것은 사업에 따라 다르지만 당일 심사평가장에서 1~2시간 전에 받거나, 혹은 프레젠테이션을 하기 전까지도 모르는 경우도 있다. 따라서 발표자의 준비성과 태도가 정부지원금을 결정짓는 핵심이라고 보면 된다. 미리 준비해가는 프레젠테이션이 얼마나 중요한지 이 정도면 충분히 알 수 있을 것이다.

창업자들에게 당부하고 싶은 것은 발표를 할 때 긴장도 당황도 하지 말라는 것이다. 말은 평소보다 느리게 해야 한다. 발표 때는 평소보다 말이 빨라지기 때문에 의도적으로 천천히 할 필요가 있다. 짧은 시간에 발표와 질의응답을 맞춰야 한다는 의식에 너무 얽매이지 말자.

③ 스토리에 맞춰 흐름 있게 발표하자

발표 자료를 준비하는 데 있어서 가장 큰 줄거리는 네 가지이다.

첫째, '나(기업)은 누구다'와 '왜 이 아이템이어야 하는가?'를 설명할 수 있어야 한다.

내(기업)가 '누구'이기 때문에 바로 이 아이템의 배경과 창업 적합성이 설명되는 것이다. 어느 날 낮잠을 자다 얻은 아이디어나 아이템이 아니라, 평소 해당 분야를 전공했다거나 해당 분야의 업무에 종사했다는 등 자신의 아이디어(아이템)의 배경과 더불어 자신이 누구인지를 보여주고 충분히 자랑해야 한다. 여러분이 얼마나 이 분야의 전문가인지를 알려야 한다는 말이다.

둘째, '어떻게 만들 것인가?'를 말해야 한다.

앞에서 언급한 사업계획서에는 직접 개발하는 창업자나 기업들의 사업에 대한 매우 디테일한 설명과 고려사항 등이 서술되어 있다. 구체적으로 개발을 하려는 사람들에게는 누구나 디테일한 개발 설명이 있기 마련이다. 꼭 직접 만들어야 하는 것은 아니지만, 외주를 주더라도 발주하는 창업자가 얼마나 알고 있느냐에 따라 완성도나 제품개발의 성공 여부가 결정되기 때문에 이 부분은 상당히 중요하다. 심사평가위원들은 이런 부분을 놓치지 않는다.

셋째, '어떻게 판매할 것인가?'는 정부지원금 선정의 핵심이다.

팔지 못하는 제품이나 기술은 쓰레기이다. 여기에 정부지원금을 지원하는 것은 세금낭비일 뿐이다. 만드는 것은 사실 돈만 있으면 누구나 만든다. 그러나 현대사회에서는 잘 파는 것이 중요하기 때문에 영업마케팅 전문회사 혹은 유통회사가 따로 존재하는 것이다. 따라서 개발한 아이디어(아이템)를 어떻게 팔 것인지를 디테일하게 설명해야 한다. 어디서 주워들은 얘기가 아니라 구체적으로 실행계획 등이 제시되어야 할 것이다.

넷째, '왜 내가 정부지원금을 받아야 하는가?'가 하이라이트이다.

프레젠테이션의 모든 것이 바로 여기서 결정된다. 그러므로 이 부분을 준비할 때는 많은 고심을 해야 한다. 정부지원금은 내가 아니면 누군가가 받는 상대평가이다. 따라서 다른 사람이 아닌 내가 받아야 한다면 그 이유를 객관적이면서도 주관적으로 설명할 필요가 있다.

발표시간과 질의응답시간까지 포함해서 짧게는 10분, 길게는 40분까지 창업자들의 대면평가를 진행하게 되는데, 지금까지 설명한 네 가지 스토리를 어떻게 프레젠테이션에 담을지 계획을 세워보도록 하자.

노인 창업의 모델: KFC

　　나이가 듦에 따라 우리가 속해있던 사회 구성원 혹은 공동체에서 멀어져 소외되는 경우가 많은데 이러한 환경을 극복하고 새로운 도전을 통해 세계적인 외식산업의 모델이 되고 있는 KFC(Kentucky Fried Chicken)의 사례를 보자.

　　최근 우리의 사회는 고령화시대를 이미 진입한지도 오래되어가고 있다. 이러한 사회환경 속에서 자신이 처한 환경 속에서 당당하게 맞서 세계적인 기업을 만들어 낸 창업가가 있다. 흔히 대기만성(大器晚成)이라는 주문 속에서 기회의 순간들은 많아져 가는데 우리가 당면한 현실은 이상과는 많은 차이를 보이고 있다. 이러한 어려운 상황 속에서도 시니어 창업을 통해 성공을 한 사례가 있다. 그것도 골목상권을 넘어선 글로벌 시장에서의 성공으로 말이다.

　　지금은 전세계적으로 10,000여 개 이상의 매장을 두고 있는 치킨의 대명사 격인 KFC이다. 이 KFC는 커널 할랜드 샌더스(Colonel Harland Sanders)가 1952년 그의 나이 65세에 창업한 회사이다. 주유소와 레스토랑 등을 운영하면서 수많은 시련을 겪기도 했다. 이러한 시련 속에서 받은 사회보장비용과 트럭으로 요리도구를 싣고 각지를 돌아 다녔다. 1,000번 이상의 거절에도 포기를 몰랐던 그는 자신만의 요리비법을 통해 치킨을 파는 조건으로 치킨 1조각당 0.04달러의 로열티를 받는 계약을 통해 본격적인 치킨사업을 시작하였다. 이렇게 시작한 치킨사업은 한동안 미국 남부의 가정식 같은 취급을 받던 후라이드 치킨이 전국으로 확산된 순간이었다. 이후 샌더스는 사업가 피트 하먼(Pete Harman)과 계약해서 마침내 KFC 1호점을 탄생시킨다. 재밌게도 이 1호점은 켄터키가 아닌, 유타 주의 솔트레이크 시티에 문을 열었고, 지금도 할랜드 샌더스와 KFC의 역사를 간직한 기념관과 함께 영업 중이다.

　　KFC 창업자인 커널 할랜드 샌더스는 "당신이 이제까지 걸어온 길은 그게 어떤 것이든 결코 하찮지 않다"라는 말을 다시 한번 되새겨볼만하다.

VI

노인(65세 이상)관련 혜택

부록

노인(65세 이상)관련 혜택

2022년 우리나라 전체인구수는 역사상 가장 낮은 증가율을 보였지만 고령화의 추세는 더더욱 빨라졌다. 평균연령도 2008년 37.8세, 2014년 40세, 2019년 42.6세로 꾸준히 상승하고 있다. 또한 우리나라 전체인구 5,185만명 중 65세 이상 고령인구는 2019년에 800만명을 넘어섰다. 이는 15.5%에 해당하며(14% 이상이면 고령사회) 요즘은 말 그대로 100세 시대이다. 그만큼 건강수명도 증가했다. 이 장에서는 알아두면 생활에 보탬이 되고 살림에 보탬이 되는, 65세 이상이 되면 누릴 수 있는 혜택을 자세히 정리하였다.

먼저 65세 이상 건강지원 혜택이다.

1. 독감 인플루엔자, 폐렴구균 예방접종 무료

보건소에 가면 독감예방접종과 폐렴구균 예방접종이 무료이다. 주소지 관할 보건소에서 확인하고 건강을 꼭 챙기도록 하자.

2. 치매 국가 책임제

치매 치료비, 환자 본인 부담률 10%로 인하	요양등급 기준 완화
치매 지원센터 250개로 대폭 확대	증상별 맞춤형 서비스 방안 마련

▶ 만 60세 이상 노인을 대상으로 소득기준에 따라
　치매 검진, 치료, 관리비 지원 등 맞춤서비스를 제공

　만 60세 이상 노인을 대상으로 소득 기준에 따라 치매검진, 치매치료, 치매관리비 지원등 맞춤서비스를 제공한다.(문의: 치매상담센터)

3. 건강보험혜택(틀니, 임플란트)

▶ 만 65세 이상 노인을 대상으로 틀니와 치과 임플란트 본인 부담률을 30%로 인하

　만 65세 이상 대상으로 틀니와 치과 임플란트의 본인 부담률을 30%로 인하하였다. (문의: 보건복지센터 129번)

4. 노인 외래진료 정액제

노인외래정액제

1. 의원급 1만 5,000원 이하 　　　 → 1,500원 부담
2. 약국 1만원 이하 　　　　　　　 → 1,200원 부담
3. 한의원(투약처방) 2만원 이하　 → 2,100원 부담

그 이상 의료비는 총 진료비의 30% 부담

▶ 만 65세 이상 환자가 의원급 외래진료를 받을 경우
　총 진료비가 1만 5천원 이하일 경우 1,500원만 부담

만 65세이상 환자가 의원급 외래진료, 즉 동네병원에서 진료를 받았을 때 총 진료비가 1만5천원 이하일 경우 환자가 1,500원만 부담하면 된다. 약국과 한의원 혜택도 꼭 챙기는 게 좋다.

5. 어르신 실명예방 관리사업

노인실명예방사업 대상자

안검진	만 60세 이상의 노인을 대상으로 하되 저소득층 우선 지원
개안 수술	만 60세 이상의 노인 중 기준 중위소득이 60%이하인 백내장, 망막질환, 녹내장 등 기타 안질환 대상자 중 생계·의료·주거·교육급여 수급자 우선 지원

어르신들에 대한 '안 검진' 및 개안 수술·시술실시로 '안 질환'을 조기에 발견하고 치료하여 시력 유지 및 실명예방을 하기 위한 사업이다. 만 60세 이상 노인 중 저소득층 우선으로 '안 검진'이나 개안수술 본인부담금 전액을 지원한다.(문의: 한국실명예방재단)

6. 의료급여 생애전환기 건강검진

의료급여 생애전환기
건강검진

➕ 실시 범위

골밀도 검사	만 66세 이상 여성
인지기능 장애	만 55세 이상 여성(2년마다)
정신건강검사(우울증)	만 70세
생활습관평가	만 70세
노인신체기능 검사	만 66, 70, 80세

🗓 검진기간: 해당년도 12월 31일까지

생애주기별 건강검진 무료 서비스 외에 골밀도검사, 인지기능장애, 노인신체 기능검사를 무료로 받을 수 있다.(문의: 보건복지상담센터 129번)

7. 건강보험료 경감

지역 가입자 중
만 65세 이상
노인이 있는 세대에
건강보험료 경감 혜택

지원내용	신청방법 및 문의처
• 소득이 360만원 이하이며, - 재산 6천만원 이하인 경우 30% 경감 - 재산 9천만원 이하인 경우 20% 경감 - 재산 1억 3,500만원 이하인 경우 10% 경감	입장 시 신분증 제시 (보건복지콜센터 ☎129)

지역가입자 중 65세 이상 노인이 있는 세대에 소득과 재산의 정도에 따라 건강 보험료 10~30%의 경감혜택이 있다.(문의: 보건복지상담센터)

8. 응급안전알림서비스

<응급안전알림서비스>

독거노인 가정에 화재·가스 감지센서 등을 설치하여 응급상황 발생 시 신속하게 대처하거나 소방서에 신고할 수 있는 체계를 구축하는 서비스

지원 내용 응급상황 모니터링, 안전확인, 생활교육, 서비스 연계 등

지원 대상 주민등록상의 동거자 유무와 관계 없이 실제로 홀로 살고 있는 65세 이상의 어르신

신청 방법 주소지 관할 읍·면·동주민센터 방문 또는 우편, 전화 신청

65세 이상 독거노인 가정에 화재, 가스 감시센서를 설치하여 응급상황 발생 시 신속하게 대처하거나 소방서에 신고할 수 있는 체계를 구축하는 서비스이다.

다음은 돌봄 지원 혜택이다.

1. 노인 돌봄 기본 서비스

생활관리사가 독거노인의 집을 주 1회 방문하고
주 2~3회 전화 통해 안부 확인하는 서비스

- 대상   기초연금 수급 65세 이상 독거노인
- 서비스 이용자   22만명(독거노인의 16%)

*기초연금 미수급자, 65세 미만, 노인부부 가구 등 제외

자료: 보건복지부 · 통계청

기초연금 수급대상인 65세 이상 독거노인을 대상으로 생활관리사가 독거노인의 집으로 주1회 방문하고 주2~3회 전화를 통해 안부를 확인하는 서비스이다. (문의: 주소지 관할 주민센터)

2. 단기 가사 서비스

일시적으로 일상생활에 도움이 필요한 홀몸 어르신이나
고령 어르신 부부 가구의 가사활동을 돕는 서비스

- 대상   만 65세 이상의 홀몸어르신 혹은 만75세 이상 고령의 어르신 부부
- 소득기준   가구 소득이 전국가구 평균 소득의 150% 이하
- 건강기준   최근 2개월이내 골절 또는 중증질환 수술자로 의사진단서
              또는 수술확인서로 확인
- 내용   일정 기간동안(1개월, 2개월) 식사, 세면도움, 청소 및 세탁,
              외출동행, 생필품 구매 등의 가사도움

만 65세 이상 혼자 살거나 만75세 이상 고령부부로 최근 2개월 이내 골절, 중증질환 수술 등으로 단기간 돌봄이 필요한 어르신을 대상으로 식사, 세면도움, 청소 및 세탁, 외출동행, 생필품 구매 등의 가사도움을 지원한다.(문의: 주소지 관할 주민센터)

3. 장기요양보험

▶ 만 65세 이상의 노인 및 65세 미만으로 노인성 질병을 가진 어르신께
  배변, 목욕, 식사, 취사, 조리, 세탁, 청소, 간호진료보조 등의
  장기요양급여를 제공

▶ 장기요양인정 신청절차

만 65세 이상 노인 및 65세 미만으로 노인성 질병을 가진 어르신께 배변, 목욕,
취사,세탁, 청소, 간호진료 보조 등의 장기요양 급여를 제공한다.

그림과 같이 4단계 신청절차를 밟아야 한다.(문의: 노안장기요양보험 운영센터)

4. 특별현금급여(가족요양비)

구분	특별현금급여(가족요양비)
지원대상	1. 요양중인 부모 등 특별한 사유로 가족이 보살피는 경우
	2. 1~5등급의 장기요양등급판정자일것
	3. 65세 이상일 것
	4. 65세 미만 시 노인성질병자일것
	*보살피는 가족은 요양보호사 등으로 장기요양기관 소속자
지원금액	15만원(가족요양비)

장기요양급여 수급자를 특별한 사유로 가족이 보살피는 경우 15만 원을 가족
요양비로 지급한다.

다음은 소득지원, 일자리지원 혜택이다.

1. 기초노령연금

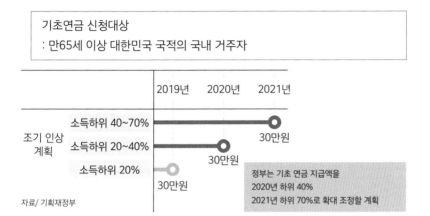

기초연금 신청대상
: 만65세 이상 대한민국 국적의 국내 거주자

	2019년	2020년	2021년
소득하위 40~70%			30만원
소득하위 20~40%		30만원	
소득하위 20%	30만원		

조기 인상 계획

정부는 기초 연금 지급액을
2020년 하위 40%
2021년 하위 70%로 확대 조정할 계획

자료/ 기획재정부

만 65세 이상 대한민국 국적의 국내 거주자 중 소득하위 40% 대상으로 최대 30만원까지 지급하고 있다. 2021년에는 하위 70%까지 확대 조정했다.

(문의: 국민연금공단 콜 센터 1335번)

2. 시니어 일자리 지원

▶ 노인복지관, 시니어클럽, 대한노인회

2019년 노인 일자리 사업 개요

		내용	지원	대상	평균 월보수	일자리수 (2019년)	예산 (2019년)
					총계	61만 개	8220억 원
사회 활동	공익 활동	老老케어, 보육시설 봉사, 청소년 선도 등 지역사회 공익 증진을 위한 23개 프로그램	월 27만원 (9개월/12개월) 활동비	기초연금 수급자	27만 원	44만 1000개	5917억 원
	재능 나눔	노인의 재능(자격, 경력)을 활용한 상담안내, 학습지도 등	월 10만 원/ 6개월 활동비	만 65세 이상	10만 원	4만 7000개	300억 원
사회서비스형		지역아동센터 및 장애인시설 식사보조, 방과후학교 안전돌봄 등	월 65만 원/ 10개월 활동비	만 65세 이상	65만 원	2만 개	741억 원

노인복지관, 시니어클럽, 대한노인회 등을 통해서 거리환경지킴이, 소규모사업 공동운영과 같은 일자리를 제공하고 있다.(문의: 한국노인인력개발원)

3. 노후 긴급자금 대부사업

> ### 노후긴급자금 대부 사업
> 만 60세 이상의 국민연금을 받는 노인은
> 전·월세 자금, 의료비, 배우자 장례비, 재해복구비의
> 긴급생활안정자금을 저금리로 대출받을 수 있다.

만 60세 이상의 국민연금을 받는 노인은 전·월세자금 의료비, 배우자 장례비 등의 긴급생활자금을 저금리로 대출받을 수 있다.(문의: 국민연금 콜 센터)

4. 은퇴금융아카데미

은퇴설계와 재무설계, 자산관리와 부채관리, 세금관리와 금융지식 및 생활정보를 제공하고 있다.(주택공사 홈페이지에서 확인, 참가비는 무료)

다음은 주거지원 혜택이다.

1. 공공기관건설주택의 우선공급제도

➤ 국가, 지방자치단체, 대한주택공사 및 지방공사인 사업주체가 85m² 이하로
  건설하여 공급하는 주택은 주택공급량의 10% 범위 내에서 우선 공급
➤ 주택신청 자격을 가진 무주택세대주로서 최초 입주자 모집공고일 현재 65세 이상
  직계존속(배우자의 직계존속 포함)을 3년 이상 부양

국가, 지방 자치단체, 대한주택공사 등 사업주체가 85m2 이하로 공급하는 주택은 10% 범위 내에서 우선 공급한다.

주택신청자격은 무주택 세대주로서 최초입주자 모집공고일 현재 65세 이상 직계존속을 3년 이상 부양한 자면 된다. 장인, 장모님을 모시는 사람도 가능하다.

2. 임대주택 우선공급

• 국가재정과 국민주택기금을 지원받아 국가 · 지방자치 단체 · 대한주택공사 또는
  지방공사가 건설하는 주택공급량의 10% 범위 내에서 우선 공급
• 최초 입주자 모집공고일 현재 65세 이상 직계존속(배우자의 직계존속 포함)을
  1년 이상 부양하고 있는 무주택 세대주로서 전용면적 50m² 미만 주택은 당해
  세대의 월평균 소득이 전년도 도시근로자 가구당 월평균 소득의 50% 이하인 자
• 전용면적 50m² 이상은 당해 세대의 월평균 소득이 전년도 도시근로자 가구당
  월평균 소득의 70% 이하인 자 등

국가 재정을 지원받는 대한 주택공사 또는 지방공사가 건설하는 주택공급량의 10% 범위 내에서 우선 공급한다.

최초 입주자 모집공고일 현재 65세 이상 부모님 또는 장인, 장모님을 1년 이상 부양하고 무주택 세대주이어야 한다.

다음은 교통할인 혜택이다.

<table>
<tr><th colspan="2">교통 할인 혜택</th></tr>
<tr><th>지원내용</th><th>신청방법 및 문의처</th></tr>
<tr>
<td>• 철도요금 감면
　- 지하철 무료 이용
　- KTX · 새마을호 · 무궁화호 30% 감면
　(KTX · 새마을호는 토 · 일, 공휴일 제외)
　- 통근열차 50% 감면</td>
<td>이용 시 신분증 제시
(코레일 ☎1544-7788)</td>
</tr>
<tr>
<td>• 항공요금 감면
　- 대한항공 국내선 · 국제선 10% 감면
　(단, 성수기, 일부노선은 제외)</td>
<td>이용 시 신분증 제시
(대한항공 ☎1588-2001)</td>
</tr>
<tr>
<td>• 국내연안여객선 여객운임 감면
　- 여객운임 20% 감면</td>
<td>이용 시 신분증 제시
(한국해운조합 ☎02-6096-2000)</td>
</tr>
</table>

가장 많이 사용하는 지하철요금은 무료이며, 'KTX, 새마을호, 무궁화호'는 30% 할인해 준다. (단 토요일,공휴일은 제외) '국내선 항공기'도 10% 할인혜택이 있고, '국내 연안여객선 운임'도 20% 할인혜택이 있다. 최근 70살 이상 시민에게 버스비를 면제하는 정책을 시행하는 지자체들이 있다.

다음은 문화 활동비 할인 혜택이다.

<table>
<tr><th colspan="2">문화 활동비 할인 혜택 1</th></tr>
<tr><th>지원내용</th><th>신청방법 및 문의처</th></tr>
<tr>
<td>• 고궁, 능원, 국 · 공립박물관, 국 · 공립공원,
　국 · 공립미술관 무료 입장

• 국 · 공립국악원 입장료 50% 이상 할인

• 그 밖에 국가 · 지자체가 운영하는 공연장
　(대관공연 제외) 입장료 50% 할인</td>
<td>입장 시 신분증 제시
(보건복지콜센터 ☎129)</td>
</tr>
</table>

'고궁, 능원, 국립박물관, 국립공원미술관'은 무료입장 할 수 있으며, '국립국악원이나 국가, 지자체가 운영하는 공연장'도 50%할인된다. '영화관'도 경로우대혜택이 있다.

문화 활동비 할인 혜택 2

멀티플렉스 3사 경로우대 할인 규정

구분	인터넷 예매	공통조건	조건	비고
CGV	가능	만 65세 이상	2D 4천 원, 3D 8천 원 관람	· 영화관 방문시 신분증 반드시 지참 · 특별관은 우대 할인 제외
롯데시네마	가능		2D 5천 원, 3D 8천 원 관람	· 영화관 방문시 신분증 반드시 지참
메가박스	가능		지역/상영관별 우대금액 상이	· 현장 발권 및 온라인 예매 시 현장서 신분증 확인 후 할인가에 재발권

CGV, 롯데시네마, 메가박스에서 경로우대 할인혜택을 적용하고 있지만, 각 회사마다 할인혜택이 조금씩 차이나므로 사전에 확인하고 가는 것이 좋다.

다음은 세제혜택이다.

세제 혜택

1. 상속세 공제
▶ 상속세 인적공제: 60세 이상인 자에 한하여 1인당 3천만원씩 공제

2. 양도소득세 공제
▶ 부모와 자녀가 각각 주택을 소유
▶ 부모님(장인, 장모 포함)을 모시고자 세대를 합친 경우
▶ 아버지 60세 이상, 어머니 55세 이상
▶ 먼저 매매하는 집을 3년 이상 보유
▶ 세대를 합친 후 2년 내에 집을 매매한 경우

3. 생계형 저축 비과세
▶ 3,000만원 이하의 생계형 저축에 대한 이자소득 또는 배당소득 비과세

상속세는 60세 이상인 자에 한해서 1인당 3천만원씩 공제 혜택이 있다. '양도소득세 공제' 혜택도 있다. 부모와 자녀가 각각 주택을 소유하고 부모님을 모시기 위해 세대를 합친 경우 아버지 60세 이상, 어머니 55세 이상일 때, 먼저 매매하는 집을 3년 이상 보유했고, 세대를 합친 후 2년 내에 집을 매매 했을 때 양도세를 공제해 준다.

'생계형 저축 비과세 혜택'은 3,000만원 이하의 생계형 저축에 대한 이자소득 또는 배당소득에 비과세 혜택이다.

기타 지원 혜택은 다음과 같다.

1. 통신비 할인

1) 대상: 기초연금 수령 대상자 2) 통신비: 22,000원 이상-최대 11,000원 할인 3) 통신비: 22,000원 미만-통신요금의 50% 지원

기초연금 수령대상자에게 통신비 22,000원 이상일 때 최대 11,000원, 통신비 22,000원 이하일 때 통신요금의 50%를 지원해 준다.

2. 고령자 고용혜택

만 65세 이상 고령자를 채용하는 기업에게 월 30만원씩 2년간 지급

만 65세 이상 고령자를 고용하는 기업에게 월 30만원씩 2년간 지원하는 것이다.

이 밖에도 많은 혜택들이 있다. 65세 이상 혜택을 알고 있는 것과 몰라서 못 받는 것은 큰 차이가 있다. 이 자료를 참고하여 보다 건강하고 편안한 노년기를 보내도록 하자.

정직한 은퇴설계

저자 소개

박정용

- 경북대학교 공과대학 전자공학과를 졸업, 동 대학원에서 박사학위를 받음
- 충남대학교 경영대학원에서 경영학 석사 및 대전대학교 사회복지대학원에서 사회복지학 석사를 받음
- 대우정밀공업㈜, ㈜티오스의 연구소장을 역임.
- 대전지역산업평가단 및 충북지역산업평가단 단장으로 근무
- 한국전자공학회, 한국지식정보기술학회 정회원 및 세계 3대 인명사전에 모두 등재되었음
- 저서로는 "정직한 사업계획서", "혼자서 푸는 창업방정식", "나홀로 창업성공 전략", "기술 사업화 배움터" 등이 있음

서용모

- 배재대학교 생화학과 졸업, 동 대학원 석사학위 받음
- 충남대학교 경영학과 박사수료(마케팅 전공)
- 대전대학교 융합컨설팅학과에서 박사학위 받음
- 충남대학교 경영학과 초빙교수, 유원대학교 교양융합학부 교수, 한남대학교 링크사업단 산학중점교수 및 배재대학교 링크사업단 근무
- 세경대학교 호텔조리과 교수(HiVE 사업 책임 교수)
- 저서로는 "정직한 사업계획서", "미래사회 with 블록체인", "인문예술, 세계를 담다" 등이 있음

박재수

- 한남대학교 경영학과를 졸업, 동 대학원에서 경영학 박사를 받음
- 충남대학교 연구교수, 한국과학기술정보연구원 근무
- 전 가치혁신연구소 대표를 역임, 현 배재대학교 창업학과 교수로 근무
- 저서로는 " 혼자서 푸는 창업방정식", "혁신클러스터와 기업가정신", "나홀로 창업성공전략", "기술사업화 배움터"등이 있음

박화자

- 대구가톨릭대학교 일반대학원에서 박사학위(가족상담)를 받음
- 대구가톨릭대학교 가족상담복지학과 전임 강사
- KT 근무(직원교육 강사로 활동)
- 한국장애인 고용공단 <직장내 장애인 인식개선교육 및 장애인 인권>전문강사
- 경북여성정책개발원 양성평등 전문강사
- 한국법무보호복지공단전문상담위원 및 대구가정법원 가사조정위원

김수진

- 충남대학교 경영대학원 졸업(마케팅 전공)
- 대전문인협회 시분과 이사, 한국문인협회 회원, 글벗문학회 회원
- 현 ㈜인트론바이오테크놀로지 내셔널본부 본부장/이사
- 저서로는 시집 "기억이 추억한다", "늦은 마중", "정직한 사업계획서" 가 있음

정직한 은퇴설계

초판발행   2024년 2월 7일

지은이   박정용·서용모·박재수·박화자·김수진
펴낸이   안종만·안상준

편 집   소다인
기획/마케팅   정연환
표지디자인   BEN STORY
제 작   고철민·조영환

펴낸곳   ㈜ **박영사**
                서울특별시 금천구 가산디지털2로 53, 210호(가산동, 한라시그마밸리)
                등록 1959.3.11. 제300-1959-1호(倫)
전 화   02)733-6771
f a x   02)736-4818
e-mail   pys@pybook.co.kr
homepage   www.pybook.co.kr
ISBN   979-11-303-1912-4   93320

정 가   17,000원